Kurt Tepperwein

Meine Beziehung
zu meinem Partner

Kurt Tepperwein

Meine Beziehung zu meinem Partner

© 2007 by mvgVerlag, ein Imprint der Münchner Verlagsgruppe GmbH

2024 © by Kurt Tepperwein
www.iadw.com

ISBN: 978-3-7583-1011-9

Die Deutsche Nationalbibliothek verzeichnet diese Publikation
in der Deutschen Nationalbibliografie; detaillierte bibliografische Daten
sind im Internet über www.dnb.de abrufbar.

Umschlaggestaltung: www.layART.li
Cover-Illustrationen: depositphotos
Herstellung und Verlag: BoD – Books on Demand, Norderstedt
Made in Germany

Internationale Akademie der Wissenschaften (IAW) Anstalt, FL-9490 Vaduz
Tel. +423/233 12 12

Inhaltsverzeichnis

Die meisten Menschen machen das Glück zur Bedingung,
aber Glück stellt sich nur ein, wenn man keine
Bedingungen stellt.
(Arthur Rubinstein)

WIE SIE AM BESTEN MIT DIESEM MINI-BUCH ARBEITEN

Ich freue mich, dass Sie sich für den Kauf dieses Mini-Buches entschieden haben. »Meine Beziehung zu meinem Partner« soll Ihnen Gedankenanstöße vermitteln und Sie ermuntern, in liebevoller Beziehung mit Ihrem Partner zu leben. Vielleicht regt dieses Büchlein Sie dazu an, sich noch eingehender mit dem einen oder anderen Spezialthema zu beschäftigen. In dem Fall empfiehlt sich eines der vielen Ratgeberbücher, die von mir im mvg-Verlag erschienen sind.

Das Mini-Buch ist gedacht, um es mit auf die Reise zu nehmen, es immer wieder durchzublättern und sich von ihm inspirieren zu lassen. Die einzelnen Themen werden hierbei nebeneinandergestellt, so dass Sie frei wählen können, ob Sie einfach nur themenbezogen in dem Büchlein stöbern oder es von vorn bis hinten durchgehen wollen.

Einladen möchte das Buch auch dazu, sich zu dem jeweiligen Thema eigene Gedanken zu machen und sie zu notieren. Was Sie hier vorfinden, sind »Perlen«, die Fassung, die Sie ihnen geben, bestimmen Sie selbst. Die Welt ist das Schulheft, in das Sie Ihre Zeilen schreiben.

In diesem Mini-Buch werden Sie viele wichtige Erkenntnisse für Ihre Partnerschaft finden, so dass Sie mehr und mehr aufbauende Einträge im Tagebuch Ihres Lebens verzeichnen können.

»Meine Beziehung zu meinem Partner« ist speziell für die langfristige Paarbeziehung gedacht. Da es in dauerhaften Partnerschaften leicht zu »Abnutzungserscheinungen« kommt, biete ich Ihnen mit diesem Buch eine Menge Hilfen an, um Projektionen zurückzunehmen, heiße Eisen auf einfühlsame Weise anzusprechen, Gefühle auszudrücken und das Band der Liebe zu erneuern.

Sie erfahren, wie Sie Herausforderungen in Ihrer Partnerschaft begegnen und dadurch Ihre Beziehung regelmäßig neu beleben können. Sie lernen Projektionen in Potenziale umzuwandeln und durch Glaubenssatzarbeit Ihre Beziehung positiv zu verändern. Abstecher in die gewaltfreie Kommunikation nach Marshall Rosenberg, dem an dieser Stelle für sein Wirken gedankt sei, wie auch die Übungen, Ihren Partner zu einem Hinauswachsen über das zu befähigen, was Sie beide bisher im Zusammenleben für möglich hielten, sowie Hilfen, um Verantwortung für Ihr Beziehungsleben zu übernehmen, runden dieses Mini-Buch ab.

Die eigentliche Aufgabe einer Partnerschaft, einander an das wahre Selbst und die Fähigkeit des bedingungslosen Liebens zu »erinnern« und sich wechselseitig in einem »erwachten« Umgang mit dem Leben zu unterstützen, ermöglicht das Wiederauftauchen des Wunders der Liebe sogar in herausfordernden Situationen. Ich wünsche Ihnen viel Freude im Umgang mit diesem Mini-Buch.

Ihr Kurt Tepperwein

Ist etwas gut und du liebst es,
wird es durch deine Liebe noch stärker.
Und ist etwas schlecht und du liebst es,
wird es durch deine Liebe gut.
Das ist das Mysterium der Liebe.
(Osho)[1]

WIE SIE AM BESTEN MIT DEN WANDLUNGSSÄTZEN UMGEHEN

Normalerweise sind wir süchtig nach dem, was wir begehren, und haben Angst vor dem, was uns unangenehm erscheint. Darin unterscheiden wir uns in keiner Weise von dem Trüffelschwein, das die Lust sucht und die Unlust flieht. Da jede Partnerschaft naturbedingt angenehme wie unangenehme Aspekte gleichermaßen aufweist, brauchen wir einen Schlüssel, um unsere Abwehr gegen das Unangenehme und unsere Sucht nach den ständig wechselnden Reizen zu transformieren – wollen wir unsere infantile Konsumhaltung in Beziehungen überwinden. Tatsächlich gibt es einen Schlüssel, der es Ihnen ermöglicht, auch nach der Phase des Verliebtseins in Verbundenheit, Liebe und Erfüllung mit Ihrem Partner zu bleiben – und dieser Schlüssel liegt in Ihnen.

Ihr wahres Selbst beinhaltet ein grenzenloses Potenzial und vermag, wie die Liebe, alles zu wandeln, was es berührt. Auf diesem Wissen baut die tibetische Lehre des Tonglen auf, der Praxis des Nehmens und Gebens. Statt nach dem Angenehmen süchtig zu sein und das Unangenehme zu fürchten, erinnern wir uns im Tonglen an unser Wandlungspotenzial. Wir atmen genau das, was wir fürchten, ein, in der Absicht, es zu wandeln. Dadurch geben wir den Widerstand gegen das Befürchtete auf. Und wir atmen das, was wir an Gutem für uns und die anderen wünschen, also das Gegenteil des Befürchteten aus und aktivieren es dadurch.

Vielleicht denken Sie, Sie würden sich durch das Einatmen des Unangenehmen vergiften und sich durch das Ausatmen des Angenehmen verausgaben, aber das Gegenteil ist der Fall: Indem Sie die Bereitschaft leben, die Dinge in sich zu wandeln, erfahren Sie grenzenlose Freude und Fülle.

Um die Praxis des Tonglen näher zu verstehen, nehmen wir als Beispiel den Umwandlungssatz:

Ich atme ein eventuelle Widerstände gegen Beziehung,
ich atme aus Liebe und Verbundenheit.

Bevor ich mit der Umwandlungsübung beginne, mache ich mir bewusst, wer ich wirklich bin: Ich bin unendliches Potenzial, reines Bewusstsein. Als solches frage ich mich, ob ich eventuell Widerstände gegen eine weitere Vertiefung meiner Beziehung hege. Vielleicht habe ich Angst davor, mich tiefer einzulassen, vielleicht bin ich nach neuen Reizen süchtig. Was immer ich als Widerstand fühle, ich atme es ein. Dadurch nehme ich meinen Widerstand an, übernehme die Verantwortung für den Stand meiner Beziehung als »meine Kreation« und lasse den Widerstand dadurch auch schon wieder los. Dann mache ich mir bewusst, was ich wirklich erleben und auch in meine Beziehung hineingeben will: »Liebe und Verbundenheit!« Ich spüre Liebe und Verbundenheit in mir und atme sie aus. Ich spüre, wie sie durch mich zu fließen beginnen, wie ich ein Kanal der Liebe und Verbundenheit werde.

Nach einigen Minuten halte ich inne. Ich beobachte wertfrei meinen Atem. Sollten sich durch die praktische Übung irgendwelche Gefühle oder Gedanken aktiviert haben, nehme ich sie wertfrei wahr, ohne sie verändern zu wollen. Ich erlebe, dass sie allein durch meine Beobachtung abschwellen. Ich bin nicht die Gedanken und Gefühle, ich bin der Wahrnehmende, der reine Zeuge. Indem ich in der reinen Wahrnehmung bleibe, erlebe ich meine Allverbundenheit. Also:

1. Ich erinnere mich, wer ich wirklich bin.

2. Ich atme das Unerwünschte ein und löse dadurch meinen Widerstand dagegen auf.
3. Ich atme das Erwünschte aus und manifestiere es dadurch.
4. Ich beobachte wertfrei, was geschieht, ohne mich zu identifizieren, und erlebe den grenzenlosen Raum, der dadurch entsteht.

Das ist eine in Kurzform dargestellte Variante des Tonglen. Wenn Sie sich näher dafür interessieren, empfiehlt sich ergänzend das gleichnamige Buch von Pema Chödrön.[2]

Sollten Sie keinen Widerstand gegen eine Vertiefung Ihrer Beziehung spüren, dann hat Ihr Partner vielleicht einen. Auch diesen eventuellen Widerstand können Sie einatmen und umwandeln. Und sollten gar keine Widerstände im Raum sein, könnten Sie die Umwandlungsarbeit für alle anderen Menschen machen, die in ihrer Beziehung noch nicht glücklich sind. Indem Sie die Umwandlungssätze für die positive Transformation Ihrer Beziehung und Ihrer Umwelt nutzen, erfahren Sie, wie viel Potenzial in Ihrer Partnerschaft offen gelegt werden kann.

Die Liebe ist wie der Mond:
Wenn sie nicht zunimmt, nimmt sie ab.
(Vicomte de Segur)

Man muss es zugeben,
die Liebe ist eine große Lehrmeisterin:
Sie bildet uns zu einem Wesen, das wir nie waren.
(Jean-Baptiste Molière)

DEINE BEZIEHUNG
SEI DEIN HEILMITTEL

Diese Welt, in der wir hier leben, ist eine Welt der Beziehungen, der Wechselseitigkeit. Wie man so schön sagt: »Der Mensch ist keine Insel!« Ohne Beziehungen können wir nicht existieren. Es beginnt mit unserer Beziehung zur Luft, die wir zum Atmen brauchen, zu unserer Nahrung, die wir zu uns nehmen müssen, zum Königreich der Pflanzen, der Tiere und natürlich zu unseren Artgenossen, den Menschen.

Lange Zeit dachte man, dass das Sich-Zurückziehen in ein Kloster oder in eine Höhle der ideale Weg sei, um zu Selbsterkenntnis und spirituellem Erwachen zu kommen. Doch heute erkennen wir mehr und mehr die Bedeutung von Beziehungen für unsere geistige und seelische Entwicklung. Als Eremit zu leben mag zwischenzeitlich wertvoll sein, um in der Zurückgezogenheit vom Lärm der Welt in sich zu gehen, doch unsere eigene Vollendung erfahren wir erst im Umgang mit der Welt, die uns umgibt. Diese Unausweichlichkeit der wechselseitigen Verbundenheit nennt Thich Nhat Hanh »Intersein« – alles bedingt einander.

Auf einer tieferen Ebene sind alle Probleme letztendlich Beziehungsprobleme und können gelöst werden, indem wir unsere Beziehungen heilen. Und alle Auswirkungen, egal, ob beim Thema Gesundheit, Beruf oder Erfüllung, sind lediglich Symptome.

Für unser eigenes Überleben ist nichts wichtiger als Beziehungen. Das ist von der Natur so weise eingerichtet, denn über das Instrument der Beziehung treten wir mit der größten Kraft des Universums in Kontakt, der Liebe. »Liebe« lautet das Zauberwort, dass jede Beziehung gelingen lässt, besonders die zu unserem Partner. Hierbei geht es allerdings weniger um den Teil an Liebe, den wir *bekommen*, sondern eher darum, die *Fähigkeit des Liebens* zu entwickeln.

Lieben ist eine aktive Tätigkeit und verwandelt all Ihre Beziehungen, speziell die zu Ihrem Partner, auf vorteilhafte Weise. Sie verwandelt aber nicht nur den Partner, sondern auch Sie selbst, denn die Liebe, die wir geben, kehrt ins eigene Herz zurück, Sie werden zu einem Liebenden. Hierbei bietet die Dauerhaftigkeit einer Partnerschaft den beständigen und zuverlässigen Spiegel für Ihre eigene Liebesfähigkeit. Deshalb ist es so wichtig und hilfreich, einen Partner zu haben. Das Wort Partner stammt vom lateinischen »pars« ab, das Teil oder Anteil bedeutet. Und so beruht die Beziehung zum Partner darauf, den anderen wie einen Teil von sich selbst zu ehren und dabei Anteil zu nehmen und mich selbst dem anderen zu geben. Gemeinsam mit Ihrem Partner können Sie die Ganzheit entdecken, das Ganzsein, sich »er-gänzen«.

»Partner« bedeutet allerdings nicht, dass er unbedingt Ihre Vorlieben teilen und Ihre Bedürfnisse befriedigen muss und Sie alles mit ihm gemeinsam unternehmen können. Vielmehr geht es darum, dass er (wie immer er sein möge) Sie allein durch seine Anwesenheit dazu auffordert, eine innere Haltung von Ganzheit, Einssein, Lieben einzunehmen, eine innere Haltung, die Ihnen zugleich inneren Halt gibt. So wie Sie im Hatha-Yoga bestimmte Haltungen (Asanas) einnehmen, so können Sie auch dem Leben mit positiver innerer Haltung begegnen. Nur mit der inneren Haltung des Einsseins ist eine Partnerschaft beglückend – während sie in jeder egoistischen Haltung früher oder später eher als unangenehm empfunden wird. Die Beziehung zu Ihrem Partner verlangt, erfordert, lockt hervor – die Liebe.

Nicht die Haarfarbe oder gemeinsame Vorlieben sind Garanten für die Erfüllung, sondern die Bereitschaft, sich gemeinsam auf den Weg zu machen, um das Lieben zu lernen. Wie Erich Fromm in seinem Werk »Die Kunst des Liebens« betont, ist dieses Lieben nicht abhängig von einer Person mit ganz bestimmten Eigenschaften, sondern eine Fähigkeit. Mit dem Lieben ist hier nicht in erster Linie Eros, Voluptas (Verlangen) oder Ludus (Spieltrieb) gemeint, sondern eine Liebe, die keine Bedingungen stellt und nicht auf Gegenleistung hofft.

Übung: Denken Sie an Ihren gegenwärtigen Partner. Könnten Sie sich vorstellen, mit ihm gemeinsam alt zu werden? Falls ja: unter welchen Voraussetzungen? Falls nicht: warum nicht?

Ich atme ein eventuelle Widerstände gegen Beziehung, ich atme aus Liebe und Verbundenheit.

Bin ich in der Liebe, gibt es in der Partnerschaft kein Problem – ohne Liebe gibt es für mich keine Chance.
(Kurt Tepperwein)

BEDINGUNGSLOSE LIEBE

Bedingungsloses Lieben ist eine Qualität, die wir lernen können. Nur wenn wir das tun, können wir die Unterschiede, die in einer Partnerschaft zwangsläufig bestehen, überbrücken.

Angesprochen ist hier also nicht die Vorliebe, sondern die Qualität, ein *Liebender* zu werden. Sind wir Liebende, ist nicht nur in unserer Beziehung alles im Gleichgewicht, sondern auch im äußeren Leben. Verlassen wir die Liebe, entstehen automatisch Probleme auch in den Lebensbereichen, die mit der Beziehung überhaupt nichts zu tun haben.

Partnerschaften können der reinste Himmel oder die absolute Hölle sein. Sie können Erfüllung, Leichtigkeit und Glück in das eigene Leben bringen oder aber auch Degeneration, Probleme und Schmerz. Die Ursache dafür liegt nicht im jeweiligen Partner, sondern in Ihrer eigenen Art, mit einer Beziehung umzugehen, beispielsweise, ob Sie Ihre gegenwärtige Beziehung zum Anlass nehmen, um das Lieben zu lernen oder um sich zu beschweren – beides ist möglich.

Als Sokrates einmal gefragt wurde, ob man denn eine feste Partnerschaft eingehen sollte, antwortete er: »Auf jeden Fall! Entweder deine Partnerin lobt dich, dann wirst du ein großer Feldherr, oder sie meckert an dir herum, dann wirst du ein großer Philosoph!« Wie wir wissen, war Sokrates mit Xanthippe verheiratet, die alles tat, um ihm das Leben schwer zu machen. Doch in seiner Weisheit wusste er um den Segen, der hinter den Schwierigkeiten einer Partnerschaft steckt. Eine ähnliche Aussage traf einmal eine Seminarteilnehmerin: »Willst du erleuchtet werden, schaffe dir eine Beziehung an!«

Wenn beide Partner darum bemüht sind, Liebende zu werden, haben sie es leichter als Sokrates und Xanthippe, ja, dann können sie tatsächlich durch ihre Beziehung »erwachen«. In dem Fall können Unterschiede überwunden, Brücken gebaut, Horizonte erweitert und die verborgene Einheit offenbart werden.

Auch wenn wir uns möglicherweise aus besonderen Vorlieben heraus für einen ganz bestimmten Beziehungspartner entscheiden, ist die Partnerschaft nicht für das Ego gedacht und kann es auch nicht glücklich machen. Auf der Ebene des Egos ist der Partner lediglich eine Ware. Amelie Fried sagte einmal: »Eine ideale Beziehung ist gegeben, wenn die eigenen Neurosen zu den Neurosen des Partners passen!« Doch dies trifft nur auf die Ebene des Egos zu. Die Übereinstimmung hier als vorrangige Basis zu nehmen hieße den Sinn einer Partnerschaft zu verfehlen: Man ergötzt sich an Gemeinsamkeiten, ist enttäuscht wegen Andersartigkeiten und verpasst in dieser Egoblindheit komplett, das gemeinsame spirituelle Wachstum und die bedingungslose Liebe herauszufordern.

Ich atme ein meine Vorlieben –
ausatmen bedingungslose Liebe.

Ich meine, es müsste einmal ein großer Schmerz
über die Menschen kommen, wenn sie erkennen,
dass sie nicht geliebt haben,
was sie hätten lieben können.
(Christian Morgenstern)

DIE IDENTIFIKATION MIT DEM EGO LOSLASSEN

So wie bei Adam und Eva der Zustand vor der Erkenntnis paradiesisch ist, die beiden aber dann in die Welt hinausmussten, so verpasst uns das Verliebtsein die rosarote Brille, damit wir uns aufmachen, vom »Baum der Erkenntnis« zu essen und die Reise in die Partnerschaft überhaupt erst einmal anzutreten.

Auch wenn jeder von uns Sehnsucht nach Geborgenheit hat und wir es uns zu zweit natürlich gern so schön wie möglich machen, ist es eine Illusion, in die Zweisamkeit Zuflucht vor der Auseinandersetzung mit dem Leben nehmen zu wollen. Ihre Beziehung zu Ihrem Partner *ist* das Leben. Sie stellt den Platz dar, an dem das Leben und das Lieben dauerhaft geübt und praktiziert werden kann und an dem wir am direktesten auf die Bereiche verwiesen werden, in denen die Liebesfähigkeit sich noch steigern möchte.

Während es uns im Umgang mit der Welt noch relativ leicht fällt, eine Show abzuziehen oder unangenehmen Gesprächen aus dem Weg zu gehen, werden wir durch eine dauerhafte Beziehung sehr direkt und unmittelbar damit konfrontiert, was der andere in uns auslöst und was wir in unserem Partner bewirken. Diese Konfrontation hält uns so lange in einem Wechselbad von Freude und Schmerz gefangen, bis wir bereit sind, unsere *Identifikation mit dem Ego* und seinen Vorstellungen loszulassen.

Ego und Liebe können nicht auf demselben Thron Platz nehmen und so muss ich mich früher oder später entscheiden, ob ich der Liebe den Vorzug geben oder meine Vorstellungen durchsetzen möchte. Will ich mit meiner Beziehung mein Ego glücklich machen – oder mein Selbst?

Unser wahres Selbst ist Liebe und da jede Beziehung, egal, ob sie gerade als angenehm oder als unangenehm empfunden wird, die Liebe herausfordert, ist eine bewusst geführte Beziehung automatisch der Weg, der Sie zurück in die Einheit führt, zu der Einen Kraft, zu Ihrem wahren Selbst. Indem Sie auf eine stimmige Weise mit Ihrer Beziehung umgehen, kehren mit zunehmendem »Erwachen« Freude, Humor, Erfüllung und Sinn in Ihr Leben ein.

Ich atme ein mein Ego –
ich atme aus mein wahres Selbst.

Einen Menschen zu nehmen,
wie er ist, ist noch gar nichts.
Das muss man immer.
Die wirkliche Liebe besteht darin,
ihn auch zu wollen, wie er ist.
(Alain)

VORSTELLUNGEN ÜBER DEN IDEALPARTNER LOSLASSEN SELBST EIN IDEALER PARTNER SEIN

Für Ihr wahres Selbst ist Ihre Beziehung mehr als eine Versorgungsgemeinschaft für materielle Notwendigkeiten und emotionale Bedürfnisse. Eine Beziehung ist auch nicht einfach nur einfach Karma, das sich abspult, sondern eine Möglichkeit, einander an das wahre Selbst zu »erinnern« und sich gegenseitig in die Freiheit und in das Erwachen zu führen.

Das, was Sie möglicherweise von einer »erwachten Partnerschaft« noch trennt, ist nicht die Eigenart Ihres Partners, sondern das eigene Ungelöste, das sich im täglichen Umgang noch zeigt. Jeder von uns hat die Aufgabe und auch die Chance, diese seit Langem bestehenden Liebeshindernisse zu heilen. Da man sich selbst schlecht von außen wahrnehmen kann, ermöglicht der »Spiegel Ihrer Beziehung« Ihnen einen weitaus besseren Blick auf das, was zu heilen ist und wie sich das Heil in Ihrer Partnerschaft verwirklichen lässt.

Der andere mag sein, wie er will, eine Xanthippe oder ein Engel, er ist auf jeden Fall die Person, die Ihnen vom Leben geschickt wurde, um Ihnen bei der Erweiterung Ihrer Liebesfähigkeit zu helfen, bewusst oder unbewusst.

Jeder bekommt den Partner, den er verdient. Dies ergibt sich allein schon aus dem Gesetz der Resonanz. Es hat also wenig Sinn, ihn auszuwechseln, ohne die zugrunde liegende Aufgabe erkannt und gelöst zu haben – man bekommt dann früher oder später das gleiche Problem wieder, nur mit einem anderen Gesicht und meist in verschärfter Form.

Egal, was das jeweilige Beziehungsthema ist – es geht nicht darum, seine Vorstellungen durchzuboxen oder, falls man das nicht schafft, sich aus der Beziehung zurückzuziehen. Eine Beziehung ist kein Wegwerfgegenstand. Vielmehr haben wir es mit zwei lebendigen, achtenswerten und fühlenden Wesen zu tun. Sich dem jeweiligen Beziehungsthema liebevoll zuzuwenden ist wichtiger, als auf seine Vorstellungen zu schielen – wenn eine Beziehung der Entwicklung von Liebesfähigkeit dienen soll.

Hinter jedem Beziehungsproblem ist eine Ihrer *Gaben* versteckt, die ans Licht will. Wenn Sie aufhören, Ihre Beziehungen an Ihren Vorstellungen zu messen, und den falschen Glaubenssatz loslassen, Sie hätten gerade den falschen Partner, dann entdecken Sie Ihre versteckten Gaben und geben ihnen eine Chance, sich durch Sie auszudrücken. Wenn Sie sich auf diese Art und Weise in eine Beziehung hineingeben, wird Ihre Partnerschaft Sie zu dem inneren Frieden führen, den Sie suchen.

Je bewusster Sie mit Ihrer Partnerschaft umgehen, umso mehr erkennen Sie in dieser Beziehung Ihren Spiegel für sich selbst. Sie erkennen nicht nur Ihre noch nicht entwickelten Seiten, an denen zu arbeiten ist, sondern auch die Stärken, die Sie bereits entwickelt haben. Je mehr Sie die Aufgabe, die Ihnen Ihre Beziehung stellt, und auch Ihren Beziehungspartner annehmen, desto mehr üben Sie sich zugleich darin, sich selbst anzunehmen, sich selbst ein guter Freund zu sein. So bietet Ihnen Ihre Beziehung die Chance zu einer tief gehenden Heilung Ihrer Beziehung zur Liebe und zu sich (dem) s(S)elbst.

Wann immer Sie bei dem Gedanken an Ihre Beziehung einen ersten Ansatz von Unbehagen spüren, können Sie dem auch eine positive Seite abgewinnen: Sie haben wieder einmal die Chance, etwas zu tun, zu erkennen, zu wandeln, um an Liebe, Mitgefühl und Weisheit zu gewinnen. Hierfür ist es allerdings notwendig, jede Form von Selbstgerechtigkeit aufzugeben, Ihre Vorstellungen vom anderen bewusst wahrzunehmen und zu hinterfragen und die Lösung in einer Veränderung der eigenen geistigen Einstellung zu finden.

Wenn Sie mit Ihrer Beziehung meisterlich umgehen, werden Sie Ihren Partner als Segen empfinden, wie immer er ist. Zu einer wundervollen Beziehung gehören nicht zwei, sondern nur einer – und Sie können dieser eine sein.

Übung: Welche Vorstellungen haben Sie von einer/ Ihrer Beziehung, die Sie an einer erfüllten Partnerschaft hindern? Machen Sie sich sie bewusst, notieren Sie sie und lassen Sie sie bewusst los!

Übung: Wenn Sie es wüssten – welche Gabe ist hinter Ihren noch ungelösten Vorstellungen von Ihrer Beziehung versteckt und wie könnten Sie diese Gabe ans Licht bringen?

Übung: Wie wäre Ihre gegenwärtige Beziehung, wenn Sie mögliche störende Muster und Vorstellungen aufgelöst hätten – wie würde sie sich dann anfühlen? Baden Sie geistig in dieser Vision und ziehen Sie daraus Kraft für Ihren Alltag.

Vorstellungen einatmen –
ausatmen die Erfüllung, die durch mich strömt.
Festgefahrenheit einatmen –
ausatmen bisher verborgene Gaben.

Das eben ist der Liebe Zaubermacht,
dass sie veredelt, was ihr Hauch berührt,
der Sonne ähnlich, deren goldner Strahl
Gewitterwolken selbst in Gold verwandelt.
(Franz Grillparzer)

WIE SIE IHREN PARTNER

»BEFÄHIGEN«

Wir verwenden den Begriff des »Befähigens« umgangssprachlich nur in Bezug zu einem Objekt, doch viele Therapeuten verwenden ihn heute als Ausdruck dafür, im anderen Potenziale wachzurufen, als Ausdruck für eine generelle Geisteshaltung, die es sich zur Aufgabe gemacht hat, im anderen mehr zu sehen als nur das, was er zu sein scheint.

Befähigen ist genau das Gegenteil von Negativprojektion. Statt dem anderen Vorwürfe zu machen wegen etwas, das er nicht ist, rufen wir in ihm das erwünschte

Potenzial hervor – sofern er dazu bereit ist. Durch Befähigen aktivieren Sie in Ihrem Partner bzw. in sich selbst die gewünschte Qualität. Es geht hierbei nicht um die schlichte Positivprojektion, in der wir unser Ideal auf den anderen werfen, sondern es ist die Kunst, in dem anderen etwas wachzurufen, was latent in ihm angelegt ist und sich nach seiner Entfaltung sehnt.

Die Quantenphysik lehrt uns: »Der Beobachter bestimmt die Beobachtung.« Lange vor der Entdeckung der Quantenphysik wusste bereits der Volksmund: »Wie man in den Wald hineinruft, so schallt es heraus.« Übersetzt auf den Partner bedeutet dies: Was Sie in Ihrem Partner wachrufen, wird Ihnen entgegenkommen.

Sie denken, dass Sie Ihren Partner kennen, aber das stimmt nicht. Das Einzige, was Sie kennen, ist die Art und Weise, wie er sich *Ihnen* gegenüber momentan verhält – wie er *wirklich* ist, können Sie nur vermuten. Manchmal bekommen Sie eine leise Ahnung davon, wenn Sie andere über ihn sprechen hören oder ihn mit Dritten erleben und verwundert sind, dass andere Ihren Partner ganz anders erleben.

Befähigen erfordert, dass Sie Ihrem Partner eine ganz bestimmte positive Eigenschaft zutrauen, die Sie bisher noch nicht in ihm angesprochen haben. Wenn er beispielsweise ungeschickt ist, befähigen Sie ihn, geschickt zu sein, indem Sie das für möglich halten. Dies gilt für jeden Lebensbereich:

- Wenn Sie bisher Ihren Partner für verständnislos gehalten haben, halten Sie es für möglich, dass er Verständnis zeigt.
- Wenn Sie bisher Ihren Partner für grob gehalten haben, halten Sie es für möglich, dass er feinfühlig ist.
- Wenn Sie bisher Ihren Partner für unerotisch gehalten haben, halten Sie es für möglich, dass er erotisch ist.
- Wenn Sie bisher Ihren Partner für intolerant gehalten haben, halten Sie es für möglich, dass er tolerant ist.

Durch das Befähigen entlassen Sie Ihren Partner nicht nur aus dem negativen Bild, in dem Sie ihn durch Ihre Negativprojektion bisher festgehalten haben, Sie halten ihm auch den Steigbügel für eine neue Qualität, die er in sich vielleicht selbst noch gar nicht in dem Maße entdeckt hatte.

Wie immer sich Ihre Beziehung zu Ihrem Partner eingeschliffen hat – Sie tun sich und ihm einen Gefallen, wenn Sie das starre Bild, das Sie von ihm haben, aufgeben und bereit sind, ihn täglich neu zu entdecken. Es ist ein Wunder, was alles möglich ist, wenn Sie Ihren Partner befähigen.

Es kann allerdings auch sein, dass Sie dagegen in sich einen Widerstand spüren. Dann haben Sie möglicherweise an die Unfähigkeit Ihres Partners ein unbewusstes Eigeninteresse gebunden. Die Psychologie spricht in diesem Zusammenhang vom sekundären oder auch verborgenen Vorteil. Hier gilt es, sich an den eigenen Schopf zu fassen:

Wann immer Sie sich innerlich über eine negative Eigenschaft Ihres Partners beschweren, fragen Sie sich einmal ehrlichen Herzens, ob Sie überhaupt wollen, dass er sich zum Positiven hin verändert! Ehrlicherweise werden Sie in vielen Fällen zugeben müssen, dass Sie das verunsichern würde. Eigene Defizite, die durch die Negativprojektion auf ihn bisher geschützt waren, liegen dann bloß und müssten bearbeitet werden. Auf der anderen Seite ist dadurch natürlich der Raum dazu gegeben, dass etwas in Ihnen heilen kann – statt dass Sie beide in Stagnation verharren.

Beispiel 1: Wenn Ihr Partner Alkoholiker ist, dann wird natürlich jeder verstehen, dass Sie ihn als Partner nicht ernst nehmen. Würde er aber von seiner Sucht geheilt werden, dann wäre es nur allzu natürlich, dass er sich von Ihnen Hingabe und dauerhafte Verbindung wünschte. Sind Sie selbst aber dazu nicht in der Lage, müssen auf einmal Sie erkennen, dass Sie nun etwas in sich heilen müssen.

Beispiel 2: Solange Ihr Partner im Bett unerotisch oder grob ist, dürfen Sie sich ihm natürlich verweigern. Wandelt er sich hier aber zum Positiven, haben Sie keine Ausrede mehr und eventuelle eigene Defizite werden offenbar.

Wenn Sie also einen Menschen befähigen, bedeutet dies zugleich, selbst für die positiven Wandlungen offen zu sein, die daraus erwachsen. Es erfordert auch die Bereitschaft, die eigene bisherige Wahrnehmung zu hinterfragen und zuzugeben, dass Sie sich vielleicht geirrt haben.

Durch Befähigen ist vieles möglich, aber nicht alles. Sie werden aus einem Biedermann keinen Romeo machen können, allein indem Sie ihn dessen befähigen – es sei denn, ein wenig Romeo schlummert in ihm Dann können Sie ihn natürlich hervorlocken. Für ein gelungenes Befähigen sind zwei Dinge erforderlich:

1. Sie selbst müssen die Qualität, die Sie im anderen wachrufen wollen, zumindest fühlen können. Wenn Sie noch nie in Ihrem Leben romantische Liebe erfahren haben, werden Sie den Romantiker im anderen kaum wecken können.
2. Sie müssen beim anderen den inneren Ort finden, an dem in ihm die Qualität, die Sie suchen, latent vorhanden ist. Das bedeutet, Sie müssen einen Zugang zu dem finden, was Sie wachrufen wollen.

Während Sie Punkt 1 mit sich selbst ausmachen können, benötigen Sie für Punkt 2 gelegentlich die Hilfe anderer Menschen, denen das Befähigen ihres Partners bereits gelungen ist. Immer wieder erleben wir, dass der eigene Partner in der Gegenwart eines anderen Menschen aufblüht oder verborgene Talente zum Vorschein bringt, beispielsweise ausgelassen und humorvoll wird. Statt eifersüchtig auf den anderen zu sein, sollten wir besser die eigene Beobachtungsgabe nutzen, um zu erkennen, wie unser Partner diesbezüglich »tickt«, also wo der entsprechende Zugang bei ihm zu finden ist.

Wenn Sie fischen wollen, hängen Sie ja auch keine Sahnetorte an die Angel, selbst wenn Sie sie lieben. Sie wählen einen Wurm, weil Sie wissen, dass Fische Würmer den Sahnetorten vorziehen. Wollen Sie nun nach den verborgenen Talenten Ihres Partners fischen, müssen Sie nach den Würmern suchen, die ihn anbeißen lassen. Wenn Sie natürlich diese Würmer verurteilen, werden Sie wohl kaum Ihren Horizont erweitern können und erst recht keine Fische an Land ziehen. Wer auf seinen Sahnetorten besteht, bleibt auf ihnen sitzen.

Befähigen können Sie übrigens nicht nur Ihren Partner, sondern auch sich selbst. Und Sie können natürlich auch Ihren Partner befähigen, Sie zu befähigen, also dass er etwas Tolles aus Ihnen herausholt.

Übung: Erstellen Sie eine Liste dessen, wozu Sie heute Ihren Partner befähigen möchten. Auf einer weiteren Liste notieren Sie alles, wozu Sie sich von Ihrem Partner gern befähigen lassen möchten. Wenn Sie beide mutig sind, händigen Sie einander diese Listen aus.

Mich befähigen lassen einatmen
ausatmen meinen Partner befähigen.

Ich kann nicht mit dir in Kontakt sein,
wenn ich keinen Kontakt zu mir selbst habe.
Ich kann dich nicht sehen,
wenn ich mich selbst suche.
Wenn ich also an dir vorübergehe,
ohne dich zu sehen, dann bedenke,
dass ich nicht dich, sondern mich selbst nicht finde.
(Ruth Bebermeyer)

DIE GEGENSEITIGEN BEDÜRFNISSE ACHTEN

Menschsein bedeutet, Bedürfnisse[3] zu haben. Bedürfnisse in dem Sinne sind nicht ein momentanes Lustgefühl, ein vorübergehender Trieb, ein ausgefallenes Verlangen, sondern Grundbedürfnisse, wie sie beispielsweise Maslow in seiner Bedürfnispyramide beschreibt. Grundbedürfnisse drücken den grundlegenden Bedarf aus, den alle Menschen haben, unabhängig von Kultur, Zeit, anderer Person, Zugehörigkeit! Man geht davon aus, dass es eigentlich nur neun Grundbedürfnisse gibt und natürlich viele Facetten, die wir dann gezielt benennen können. Diese neun Grundbedürfnisse sind:

1. physische Bedürfnisse (gesundes Essen, Trinken, Schlafen, Luft usw.)
2. Sicherheit
3. Verständnis/Empathie: Viele Menschen haben zuerst einmal das Bedürfnis, angehört zu werden, ohne gleich beurteilt zu werden.
4. Liebe
5. Spiel/Erholung
6. Kreativität
7. Geborgenheit
8. Autonomie/Selbstbestimmung: Wir haben das Bedürfnis, in Bezug auf Dinge und Mitmenschen *unseren* Standpunkt zu finden und *unser* Unterscheidungsvermögen einzusetzen.
9. Sinn/Inhalt: Wir haben das Bedürfnis zu wissen, warum wir etwas tun (sollen), und in unseren Handlungen frei zu sein, das Bedürfnis nach Sinn.

Wir als Menschen teilen alle diese Bedürfnisse, und wir haben ein Recht auf sie; sie sind in uns nur unterschiedlich ausgeprägt und akut – wer gerade gegessen hat, hat kein akutes Bedürfnis nach Nahrung, aber das kann einige Stunden später anders aussehen – und wir befriedigen sie unterschiedlich. Doch die Bedürfnisse sind die gleichen. Durch diese Gemeinsamkeit entsteht eine Verbindung. Bedürfnisse haben wir auch schon, bevor eine Situation eintritt, zum Beispiel wenn wir allein mit uns glücklich sind, nur sind sie dann nicht aktiv.

Bedürfnisse stehen immer nur im Bezug zu Ihnen selbst, gleichzeitig stehen Sie damit aber in Wechselbeziehung zu Ihrem Partner. So führt der Weg zu ihm über die reife Wahrnehmung der eigenen Bedürfnisse: »Was fühle ich? Was brauche ich?«

Je mehr ich weiß, was ich brauche, umso mehr kann ich dafür sorgen, dass ich das auch bekomme. Weiß ich nicht, was ich brauche, dann bin ich den Projektionen meines Partners hoffnungslos ausgeliefert. Wenn ich, um ein einfaches Beispiel zu nehmen, weiß, dass ich Romantik und Zärtlichkeit brauche, dann lasse ich mich nicht mit einem teuren Parfum oder einem neuen Kleid abspeisen und heuchle Zufriedenheit.

Mein Partner kann nicht wissen, was ich brauche, es sei denn, ich sage es ihm. Wenn ich spüre, ich brauche gerade mehr Freiraum, und mein Partner glaubt, ich bräuchte mehr Nähe, gibt es eine Kollision. Wenn ich ihm aber mitteilen kann, wo ich stehe, was ich fühle und was ich brauche, können wir gemeinsam den besten Weg herausfinden, damit jeder zu dem kommt, was er braucht. Je mehr ich meine Bedürfnisse in der Tiefe kenne, umso offener und flexibler kann ich auch sein, wenn es darum geht, wie ich sie erfüllen kann.

Bei vielen Beziehungsgesprächen kann es extrem hilfreich sein, sich zu Beginn nicht auf eine ganz gezielte Strategie festzulegen, wie Ihr Bedürfnis erfüllt werden soll. Dies lässt den Raum für unerwartete Lösungen offen, die jenseits von Ihrer beider Vorstellungen liegen.

Übung: Gehen Sie in Ihre Mitte und fragen Sie sich einmal: Welche Bedürfnisse werden durch meine jetzige Beziehungsform befriedigt – und welche nicht? Und was ist der richtige Weg, um mich um meine eigenen Bedürfnisse noch besser zu kümmern?

Ohne Wahrnehmung der eigenen Bedürfnisse, beispielsweise wenn wir sie verdrängen oder uns nicht bemühen, sie zu entdecken, laufen wir Gefahr, uns selbst zu kastrieren und einzubetonieren. Wenn wir in unserer Partnerschaft die eigenen Bedürfnisse verkrampft und starr handhaben, verzichten wir dem Partner zuliebe auf ihre Erfüllung, bemühen uns, nett zu sein, obwohl wir uns nicht so fühlen. Entfernen wir uns – dem Partner zuliebe – von unseren Bedürfnissen, werden entweder wir selbst oder der andere den Preis dafür zahlen.

Deshalb ist es so wichtig, die eigenen Bedürfnisse wahrzunehmen. Dazu müssen wir aber eine gute Beziehung zu uns selbst pflegen und alle Teile in uns existieren lassen, ohne einen davon zu unterdrücken. Es bedeutet, wirklich zu leben.

Sich oder den Partner zu verurteilen ist genau das Gegenteil von Fürsorge für die Bedürfnisse, denn das

Erspüren der eigenen und der fremden Bedürfnisse erfordert Urteilsfreiheit. Ein Bedürfnis wahrzunehmen bedeutet nicht immer, ihm gerecht zu werden, sondern nur, es anzuerkennen. Auch in Ihrer Partnerbeziehung ist es wichtiger, dass Ihre Bedürfnisse anerkannt, als dass sie erfüllt werden. Dies nimmt erst einmal den größten emotionalen Druck, verhindert Affekthandlungen und ermöglicht, objektiv und langfristig zu prüfen, welche Strategie der Bedürfniserfüllung die für alle Beteiligten optimale ist.

Ein Bedürfnis ist niemals an eine bestimmte Person oder Handlung gekoppelt, sondern ein universeller menschlicher Zustand und weckt damit Mitgefühl. In dem Zusammenhang müssen wir zwischen Bedürfnis und Strategie unterscheiden. Eine Strategie ist ein Weg, um ein Bedürfnis zu befriedigen, aber nicht der einzige.

Beispiel: Wenn Sie Tiramisu essen wollen, haben Sie kein Bedürfnis nach Tiramisu, sondern vielleicht nach Wohlgefühl und Tiramisu ist lediglich die Strategie, um es zu erhalten, vielleicht täte es auch eine Zuppa Romana oder ein leidenschaftlicher Kuss.

Wie unterschiedlich ein und dasselbe Bedürfnis erfüllt werden kann, zeigt das folgende Beispiel: Zwei Menschen haben ein Bedürfnis nach Sicherheit. Um es zu befriedigen, schließt der eine eine Lebensversicherung ab, der andere macht einen Kurs in Selbstverteidigung.

Bringt eine Strategie nicht die erhoffte Bedürfnisbefriedigung, bewerten das viele Menschen als Drama und ziehen sich zum Beispiel verbittert zurück, statt daraus zu lernen.

Wenn Sie Ihrem Partner sagen, was Sie sich wünschen, und er Ihre Strategie nicht akzeptiert, weil sie mit seinem Bedürfnis nicht kompatibel ist bzw. nicht in sein Repertoire passt, wissen Sie, dass Sie auch eine andere Strategie vorschlagen können. Dann sind Sie durch diese Information beschenkt. Dann suchen Sie eben weiter, bis Sie herausfinden, wozu er ja sagt, oder Sie finden einen Weg der Erfüllung ohne ihn – und dies, ohne ihm dafür gram zu sein. Es ist wie beim Spiel »Bingo« oder beim Topfschlagen – vielleicht kennen Sie dieses Kinderspiel: Ein Kind bekommt die Augen verbunden und einen Kochlöffel in die Hand. Die anderen Kinder verstecken im Zimmer einen Topf und das Kind mit den verbundenen Augen muss durch schlagen mit dem Kochlöffel herausfinden, wo der Topf liegt. Dabei helfen die anderen Kinder, indem sie »heiß« für »Richtung stimmt« und »kalt« für »falsche Richtung« rufen – ist der Topfschläger fündig geworden, macht es »pling«.

Beispiel: SIE hat ein Bedürfnis nach Natur, ER nach Entspannung. SIE schlägt eine Bergbesteigung vor. ER wünscht sich einen Fernsehabend. Das sind unterschiedliche Strategien, die in dieser Form nicht zusammenpassen. Wenn jedoch beide Partner sich fragen: »Warum möchtest du genau dies tun, welches Bedürfnis wird dadurch in dir befriedigt?«, eröffnen sich neue Wege. SIE erkennt, dass sie nicht auf die Berge muss, wenn sie mit IHM die Natur genießen will, und ER erkennt, dass es nicht erforderlich ist, mit ihr fernzusehen, weil er Entspannung braucht. Sie packen beispielsweise gemeinsam den Picknickkorb und fahren in den Wald oder an den Strand, wo sie Natur und Entspannung genießen.

Falls wir keine alternativen Strategien für die Befriedigung unserer Bedürfnisse in der Interaktion mit anderen finden können, besteht für uns die Gefahr, weltentfremdet zu werden. Wenn wir uns auf eine einzige Lösung versteifen, verlieren wir den Kontakt zu den Bedürfnissen unseres Partners.

Als kreativer Partner hingegen offerieren Sie einen Blumenstrauß an Strategien und müssen deshalb nicht eine einzige auf Kosten des anderen durchboxen. Konzentrieren Sie sich also auf die echten Bedürfnisse, statt über die unterschiedlichen Strategien zu streiten. Dadurch geben Sie Ihrer Beziehung Raum für Begegnung, Kreativität und überraschende Lösungen.

Wenn Sie eine Bitte an Ihren Partner haben, könnten Sie Ihr Bedürfnis und Ihre Strategie getrennt formulieren.

Beispiel: »Ich habe ein Bedürfnis nach Naturnähe und möchte deshalb wandern gehen!« Nicht: »Ich habe ein Bedürfnis nach Wandern« – wandern ist eine Strategie.

Indem ich Bedürfnis und Strategie trenne und getrennt formuliere, verdeutliche ich meinem Partner, warum mir das Wandern so wichtig ist, und öffne zugleich den Raum für alternative Strategien. Ich mache mich für meinen Partner erfahrbar.

Seien Sie sich also stets der Tatsache bewusst, dass Sie Ihre Bedürfnisse auch mit anderen Strategien befriedigen können, als erhofft. Und erwarten Sie nicht, dass Ihr Partner sich für die Befriedigung Ihre Bedürfnisse für zuständig erklärt. Natürlich ist es schön, wenn Sie sie mit Hilfe Ihres Partners befriedigen können – aber er ist nicht dafür verantwortlich, dass Ihre Bedürfnisse erfüllt werden, und nicht dazu verpflichtet, Ihrem Wunsch zu folgen. Er ist ein eigenständiges Wesen. Wenn Sie Ihrem Partner die Verantwortung für Ihre Bedürfnisbefriedigung zuschieben, besteht die Gefahr der Fixierung auf sein Verhalten und der Co-Abhängigkeit. Entlassen Sie ihn deshalb aus diesem Druck und aus dieser Rolle. Wenn der andere nicht will, dann muss eben die bestmögliche Strategie gefunden werden, damit Ihre Bedürfnisse genährt werden, und wenn es nicht untereinander geht, dann eben mithilfe anderer Menschen. Natürlich ist immer abzuwägen, wie wichtig einem selbst die Erfüllung des Einzelbedürfnisses ist im Vergleich zum Bedürfnis nach Gemeinschaft mit Ihrem Partner.

Die Aussage »Ich habe das Bedürfnis, dass du ... (dich änderst, jenes tust)« ist deshalb kein fairer Ausdruck unserer Bedürfnisse, sondern der Versuch, eine einzige Strategie durchzuboxen. Strategien allein geben weder uns noch unserem Partner hilfreiche Informationen über unsere Bedürfnisse.

Respekt vor andersartigen, echten Bedürfnissen zu haben ist das Kennzeichen von Toleranz. Respektiere ich die Bedürfnisse meines Partners nicht, kann ich auch nicht erwarten, dass er meine respektiert – wahrscheinlich respektiere ich meine eigenen dann ebenfalls nicht.

Das Gelingen einer Partnerschaft hängt sehr stark mit gegenseitigem Respekt zusammen, insbesondere dort, wo Bedürfnisse einander zuwiderlaufen. Sehnt sich beispielsweise Ihre Partnerin nach Geselligkeit und Sie wünschen sich Zurückgezogenheit und Ruhe, dann gilt es einen Weg zu finden, dass Sie beide zu Ihrem Recht kommen, beispielsweise indem sie sich mit Freunden trifft, während Sie ein gutes Buch lesen.

Es geht also nicht darum, dass wir versuchen, den anderen uns gleich zu machen, sondern dass wir die Unterschiedlichkeit respektieren.

Wir sehen dies auch in der Symbiose in der Natur, wo der Vogel ein Vogel und das Krokodil ein Krokodil bleibt und sie einander in ihrem »Sosein« respektieren können. Ohne gegenseitigen Respekt wäre ihre Beziehung zum Scheitern verurteilt.

Es ist ein großes Missverständnis zu glauben, das Spüren, Mitteilen und Erfüllen der eigenen Bedürfnisse sei egoistisch. Egoistisch ist es nur, wenn ich für die Erfüllung auf Kosten meines Partners sorge, indem ich ihn manipuliere, erpresse, nötige usw. Die Kunst der Partnerschaft besteht gerade darin, für die Erfüllung der eigenen Bedürfnisse auf eine Weise zu sorgen, bei der beide gewinnen. Dafür muss ich wissen, was ich brauche, und meinen Partner dazu ermuntern, dies ebenfalls zu spüren und zu kommunizieren. In einer fairen Partnerschaft sind die Bedürfnisse beider gleichwertig.

Oft haben zwei Menschen, die sich streiten, das gleiche Bedürfnis, nur die Strategien der Erfüllung sind entgegengesetzt. In dem Fall kann das gemeinsame Bedürfnis als verbindendes Element genutzt werden, um eine Strategie zu finden, bei der beide gewinnen.

Es kann allerdings auch vorkommen, dass Sie mit Ihrem Bedürfnis momentan überhaupt nicht bei Ihrem Partner landen können, vielleicht weil er gerade von seinem Beruf sehr in Anspruch genommen wird und wenig Zeit für Sie hat. Dann hilft es Ihnen, Ihre Bedürfniskompetenz zu erkennen, ob Sie zuwarten oder eine andere Strategie der Bedürfniserfüllung finden sollten.

Beispiel: Wenn Ihr Partner partout nicht wandern will, könnten Sie Ihr Bedürfnis nach Natur durch einen Heimatfilm erfüllen, durch Gärtnern oder auch indem Sie sich einen Wanderfreund suchen.

Ihre Bedürfnisse sollten Sie mit Ihrem Partner teilen, aber er ist, wie bereits erwähnt, nicht dafür verantwortlich, dass sie erfüllt werden. Bedürfnisse sollten Sie wie folgt ausdrücken:

- *neutral:* Bezeichnen Sie das Bedürfnis so exakt wie möglich ohne damit Wertungen zu verbinden, so neutral, dass ein außenstehender Zeuge verstehen würde, was Sie meinen.

- *eigenverantwortlich:* Geben Sie Ihrem Partner weder die Schuld noch schieben Sie ihm die Verantwortung für die Nichterfüllung oder Erfüllung Ihrer Bedürfnisse zu.
- *druckfrei:* Der andere muss Ihr Bedürfnis nicht erfüllen.
- *einladend:* Teilen Sie Ihre Bedürfnisse nicht mit, um Ihren Partner damit zu schockieren, sondern um ihn einzuladen, bei sich nachzuspüren, welche Bedürfnisse er hat und wie sie mit Ihren zusammenpassen.
- *flexibel:* Bedürfnis und Strategie sind in Ihnen klar getrennt.
- *positiv:* Das heißt keine Verneinung.

Bedürfnisse auszudrücken bedeutet auch, erst einmal (vor Inbetriebnahme des Mundwerks) »Übersetzungsarbeit« vom Negativen zum Positiven zu leisten, von dem, was Sie nicht wollen, hin zu dem, was Sie wollen. Wenn Sie sich beispielsweise über die Unordentlichkeit Ihres Partners ärgern, dann ist es Ihre Aufgabe, den »Ärger über die Unordnung« in das positive »Bedürfnis nach Ordnung« zu überführen. Dadurch ersparen Sie es Ihrem Partner, Ihre Botschaft von negativ auf positiv umpolen zu müssen. Sein Unterbewusstsein versteht kein Nein. Sagen Sie deshalb zu ihm nicht »ich will es nicht mehr so unordentlich haben«, sondern »ich habe ein Bedürfnis nach Ordnung«

Bedürfnisse sind immer positiv. Es gibt keine »negativen Bedürfnisse«. So ist etwa Rache kein Bedürfnis, sondern nichts anderes als eine tragische Strategie, möglicherweise um das Bedürfnis nach Mitgefühl erfüllt zu bekommen. Wann immer der Ausdruck eines Bedürfnisses einen negativen oder destruktiven Aspekt aufweist, sollten Sie tiefer hineinspüren, was Sie wirklich wollen. Sie werden dann erkennen, dass sich hinter jedem destruktiven Antrieb letztendlich ein unerfülltes positives Bedürfnis versteckt, das es Ihnen ermöglicht, einen besseren Weg der Bedürfnisbefriedigung zu finden als beispielsweise Rache.

Menschen, die kriminell werden oder ihre Partner vergewaltigen, tun dies, weil sie gerade nicht mit ihren wirklichen Bedürfnissen in Kontakt sind, weil sie nicht wissen, was sie wirklich brauchen, und weil sie sehr uneffektive und engstirnige Strategien verfolgen, die sie ihre wahren Bedürfnisse ignorieren bzw. nicht wahrnehmen lassen. Khalil Gibran schreibt in dem Zusammenhang in seinem Werk »Der Prophet«: »Denn was ist das Böse anderes als das Gute, das von seinem eigenen Hunger und Durst gequält wird.«

Um Ihren Bedürfnissen auf die Spur zu kommen, könnten Sie sich folgende Fragen stellen:

- »Was fehlt mir gerade?«
- »Welche Bedürfnisse sind hinter meinem Gefühl verborgen?« bzw. »Welche meiner Bedürfnisse sind die Quelle der Gefühle, die ich habe?«

- »Welche Bedürfnisse sind gerade unerfüllt?«
- »Was kann ich/mein Partner/jemand anderes tun, damit diese Bedürfnisse erfüllt werden?«
- »Welche innere Resonanz finde/brauche ich?«
- »Was sind meine wirklichen Motive?«

Die Wahrnehmung und Artikulation Ihrer Bedürfnisse gibt Ihnen die Möglichkeit, sich integer und versöhnt mit sich selbst zu finden, nicht innerlich geteilt, hin- und hergerissen zwischen Kopf und Herz oder als Gehirn auf zwei Beinen. Je mehr Sie für Ihre Bedürfnisse sorgen, desto mehr Energie steht Ihnen zur Verfügung, um in Kontakt mit Ihrem Partner zu sein, und umso weniger besteht die Notwendigkeit, die Beziehung, in der Sie sind, anzuzweifeln. Indem Sie sich und Ihrem Partner Ihre Bedürfnisse bewusst machen, wird Ihnen beiden klarer, was Ihnen wirklich wichtig ist, und umso mehr werden Sie den Wert Ihrer Partnerschaft schätzen können.

Selbstwahrnehmung einatmen –
ausatmen Respekt vor Bedürfnissen.

Woher soll ich wissen, was ich sage,
wenn ich nicht ahne, was ich brauche?
(Kelly Bryson)

BITTEN STATT FORDERN

Da wir eine Beziehung durch unsere eigene Brille und unseren eigenen Filtern zu betrachten gewohnt sind, wissen wir sehr wenig darüber, was der andere braucht. Wir schenken ihm vielleicht ein Schmuckstück, dabei wünscht er sich viel mehr, dass wir einen Abend »opfern«, um mit ihm gemeinsam tanzen zu gehen. Daher sollten wir unserem Partner eine Chance geben, etwas darüber zu erfahren, womit er uns beschenken, unser Leben bereichern kann. Viele Menschen tun dies nicht, sondern machen ihrem Partner nur Vorwürfe, dass er ihre Bedürfnisse nicht erfüllt. Dadurch bringen sie trennende Elemente in die Begeg-

nung hinein und projizieren in den anderen, er sei die
Quelle des eigenen Leids:

- »Nie bringst du den Müll hinunter!«
- »Du denkst immer nur an dich!«
- »Ich habe dir schon so oft gesagt, dass ich es hasse,
  wie du unsere Probleme verdrängst!«

Gegen solche Negativprojektionen kann man sich
kaum wehren und da es sich bei Vorwürfen auch
zugleich um Negativsuggestionen handelt, bieten sie
keine Aussicht auf eine Verbesserung der Beziehung.
Doch auch wenn wir unsere Bedürfnisse zurückhalten,
in der Tasche eine Faust machen und vor uns hinleiden,
tun wir der Beziehung keinen Gefallen.

Die Lösung finden Sie, indem Sie Ihrem Partner
sagen, was Sie brauchen. Ihre Bitte schlägt eine Brücke
zwischen Ihren Bedürfnissen und Ihrer Beziehung und
öffnet die Bahn hin zu dem, was »hinter der Glasschei-
be« ist. Indem Sie den Mut aufbringen, Bitten zu
äußern, gestehen Sie sich selbst und Ihren Bedürfnissen
ein Existenzrecht zu.

Bitten sind potenzielle Geschenke: Allein dadurch,
dass Sie sie äußern, beschenken Sie den anderen, weil
er jetzt weiß, was Sie fühlen und was Sie brauchen,
statt sich mit Vorwürfen und Unterstellungen herum-
schlagen zu müssen.

Bitten auszudrücken ist ein ehrlicher und offenher-
ziger »way of life«: Ihre Bereitschaft, Bitten von Ihrem

Partner als Geschenk und als Vertrauensbeweis anzunehmen, verhindert, dass Ihr Partner seine Bitten, Gefühle und Bedürfnisse unterdrückt.

In den letzten Kapiteln haben wir gelernt, unsere Gefühle und Bedürfnisse wahrzunehmen. Jetzt gilt es, sie in eine positive Form zu bringen. Dazu müssen Sie wieder einmal in sich gehen. Bitten auszudrücken bedeutet, ganz konkret zu formulieren, was der andere tun kann, um unser Leben zu bereichern, unsere Bedürfnisse zu erfüllen, das gemeinsame Glück zu stärken.

Bevor eine »Handlungsbitte« geäußert wird. muss die Beziehungsebene geklärt sein. Dies bedeutet: Bevor ich meinen Partner um ganz konkrete Dinge bitten kann, muss ich erst einmal die Beziehungsebene freischalten. Eine wichtige Hilfe dafür ist die »Informationsbitte«.

Informationsbitten trachten danach, den anderen in seiner Wahrnehmung, insbesondere in seinen Gefühlen und Bedürfnissen zu erfassen. Es geht also mehr um die Information darüber, wie der andere sich fühlt und was er braucht – weniger um Sachinformation. Nachfolgend einige Beispiele:

- »Bitte sag mir, ob ich das richtig verstanden habe.«
- »Was ist bei dir angekommen?«
- »Bitte sag mir, wie es dir geht, wenn du meine Bitten, Bedürfnisse, Gefühle hörst (besonders auch wenn es um Gefühle wie Ärger, Frust usw. geht)?«

- »Kannst du nachvollziehen, wie ich mich fühle?«
- »Was fühlst du und was brauchst du?«

Informationsbitten schaffen auch in schwierigen Situationen Mitmenschlichkeit.

Beispiel: Ihr Partner gibt den gemeinsamen Einkommensüberschuss für ein Laptop (Sonderangebot) aus, ohne Sie zu fragen. Das Geld hatten Sie beide aber eigentlich für eine neue Waschmaschine gedacht. Hier sollten Sie nicht gleich mit der Tür ins Haus fallen, schimpfen und fordern, dass Ihr Partner sofort den Laptop zurückgibt, sondern ihm Ihr Bedürfnis nach Mitbestimmung bei den größeren Ausgaben mitteilen und ihn fragen: »Ich hatte mich eigentlich auf eine neue Waschmaschine gefreut, kannst du nachvollziehen, wie ich mich fühle?« Haben Sie und Ihr Partner Ihre Gefühle und Bedürfnisse mitgeteilt, kann die Frage folgen: »Wie gehen wir jetzt am besten mit der Situation um?«, und Ihre Bitte: »Könntest du dir vorstellen, dass du den Laptop zurückgibst und wir stattdessen die neue Waschmaschine kaufen?« und gegebenenfalls ergänzend: »Wie geht es dir, wenn du diese Bitte hörst?«

Informationsbitten sollen also Verbindung schaffen, weder dominieren noch den anderen dazu auffordern, sich zu rechtfertigen. Seien Sie deshalb zurückhaltend mit Fragen wie:

- »Warum hast du das getan?«

- »Wie konntest du nur?«
- »Was hast du dir dabei gedacht?«

Bei solchen Frageformen schwingt eine Forderung mit, Dominanz, vielleicht sogar der Wunsch, den Partner zu demütigen. Bei der Informationsbitte geht es nicht darum, herauszufinden, was der andere denkt bzw. wie er über etwas denkt, sondern was er *fühlt* und *braucht*.

Wenn wir keine Bitte äußern, ist es, als gestünden wir uns kein Existenzrecht zu, wir nehmen nicht wirklich unseren Platz in der Beziehung ein (es wird nicht konkret). Wir sollten sie allerdings auch nicht als Forderung formulieren, sonst ist es, als hätte der andere kein Existenzrecht, und das belastet die Wahrnehmung von Verbundenheit, die für eine reife Partnerschaft ja so wichtig ist.

Durch Forderungen verhindern *Sie*, dass der andere Sie beschenken kann. Sie sind Ausdruck von Misstrauen gegenüber der Freiwilligkeit der Liebe und der Hoffnung, dass Sie vom Leben bekommen, was Sie brauchen.

Wenn Sie fordern, ohne zu bitten, und Ihren Partner durch Manipulation, Drohungen und Befehle dazu bringen, Ihnen zu geben, was Sie wollen, dann ist dies eigentlich ein Verrat an der Liebe, am Vertrauen, am Respekt und am Wesentlichen der Beziehung. Der andere fühlt sich bedroht. Er befürchtet, von Ihnen bedrängt, verschlungen bzw. ausgelaugt zu werden. Seine eigenen Bedürfnisse werden ebenso missachtet wie sein Recht, nachzuspüren, was für ihn stimmt. Er tut darum das Einzige, was er kann: Er wendet sich innerlich oder äußerlich ab.

Sie sollten daher an Ihren Partner nur Bitten richten, die Sie forderungsfrei äußern können, nichts fordern – und erst recht nichts befehlen. Bitten bedeuten immer Freiwilligkeit! Im Klartext: Ihrem Partner drohen also keine negativen Konsequenzen, wenn er Ihre Bitte nicht erfüllt. Es ist sein gutes Recht, sie eventuell abzulehnen. In dem Fall können Sie durch Informationsbitten herausfinden, was hinter seinem Nein steckt, oder es auch schlicht und einfach akzeptieren. Stehen Sie dazu, was Sie möchten, aber lassen Sie Ihrem Partner die Freiheit, nein zu sagen.

Ob Sie eine Forderung ausgedrückt oder sogar einen Befehl formuliert haben, erkennen Sie spätestens dann, wenn Ihr Partner Ihnen ein Nein entgegenhält. Sind Sie frustriert, sauer, verärgert, distanziert oder verspüren gar den Wunsch, ihn für sein Nein zu maßregeln oder womöglich zu bestrafen (etwa durch Liebesentzug), so handelte es sich um eine Forderung, nicht um eine Bitte! Jede »Entschuldigung«, die Sie dem anderen aufzwingen, weil er Ihre Bitten nicht erfüllt, demütigt ihn und rächt sich.

Natürlich fühlt es sich gut an, wenn Sie bekommen, was Sie brauchen. Und wenn Ihr Partner von Herzen gibt und es mühelos durch ihn fließt, gibt er in Freude. Doch er sollte sich von Herzen motiviert fühlen, Ihre Bitten zu erfüllen, nicht durch Angst, Drohung, Druck,

Manipulation, Zwang oder Liebesentzug dazu ge-
bracht werden, denn all das schafft ungutes Blut und
rächt sich. Auf diesem Weg müssen wir auch den
falschen Glaubenssatz loslassen: »Wenn mein Partner
mich liebt, dann erfüllt er mir meine Bitten!«

Ihr Partner muss Ihre Bitten nicht immer erfüllen.
Manchmal kann er und manchmal entspricht es ihm
nicht. Das Wesentliche ist, dass Ihre Bitten gehört
werden. Allein wenn Sie merken, Ihr Partner hört, was
Ihnen wichtig ist, und macht sich gemeinsam mit Ihnen
Gedanken darüber, fällt eine enorme Last von Ihnen
ab. Wenn er sagt: »Mein Liebling, ich höre deine Bitte
nach gemeinsamem Tanzen, aber das Tanzen ist mir
zuwider, doch ich verstehe dich, was tun wir jetzt?«, ist
ein Rahmen von Offenheit da.

Als *Gebetener* sollten Sie prüfen, ob Sie der Bitte
Ihres Partners aus Angst vor Strafe oder aus Lust
daran, sein Leben zu bereichern, nachkommen wollen.
Wie fühlen Sie sich, falls Sie nein sagen? Wenn Sie sich
dann schlecht fühlen, hat Ihr Partner eventuell eine
Forderung und keine Bitte ausgesprochen. Falls Sie
Befehlen und Forderungen blind gehorchen, erweisen
Sie Ihrer Partnerschaft keinen guten Dienst. Die eigene
Feigheit, in der Sie »um des lieben Friedens willen«
dem anderen seine Forderungen und Befehle erfüllen,
ohne selbst daran wirklich Freude zu haben, bewirkt
eine innere Kündigung und einen stillen Groll, der
dann in Ihnen gärt.

Verfolgen zwei Partner unterschiedliche Strategien der Bedürfniserfüllung, so ist das zwar unangenehm, doch der eigentliche Sinn der Beziehung besteht darin, eine liebevolle Art des Umgehens mit dem zu entwickeln, was vorgefunden wird. Und so kann eine liebevolle Beziehung, in der verschiedene Bitten nicht erfüllt werden können, doch weitaus bereichernder und förderlicher für die eigene und die fremde Entwicklung sein als eine, in denen zwar die Strategien der Bedürfniserfüllung zueinanderpassen, es aber an Respekt und Liebe für das »Sosein« des Partners mangelt. Wie heißt es so schön: »Gold und Silber vergeht, aber Schweinsleder besteht!«

Eines der grundlegendsten Hemmnisse in einer Beziehung ist der Widerstand dagegen, Anweisungen für das eigene Tun zu bekommen. Viele Menschen haben Angst davor, durch Äußerungen ihres Partners gemaßregelt zu werden, auch wenn er gar keinen Befehl, sondern nur eine Bitte geäußert hat. Den meisten kommt nie in den Sinn, dass der Widerstand (»sag mir nicht, was ich tun soll«) ebenfalls ein Muster ist. Wenn Sie nicht fähig sind, einem Anliegen zu entsprechen, sind Sie innerlich nicht frei, sondern besessen von dem Muster »sag mir nicht, was ich tun soll«. Es ist ein großer Unterschied, ob ich eine Bitte ablehne, weil sie mir nicht entspricht, oder ob ich rebellisch oder gar trotzig werde, weil ich mich durch Bitten oder gar Handlungsaufforderungen »dominiert« fühle.

Es gibt eine interessante Übung, die Ihnen helfen kann, Widerstand gegen die Wünsche Ihres Partners aufzulösen, falls Sie dies möchten. Sie besteht darin, den Spieß umzudrehen, also ein Anliegen Ihres Partners so zu erfüllen, als wäre es Ihre *eigene* Idee. Dies ist etwas völlig anderes, als widerwillig einem Befehl zu folgen oder auch eine Bitte Ihres Partners zu erfüllen, um ihm zu beweisen, dass er damit einen Fehler gemacht hat. Es handelt sich hierbei lediglich um eine Alternative zum Ablehnen von Bitten – vielleicht möchten Sie einmal spielerisch Folgendes versuchen:

Statt zu maulen, wenn Ihr Partner Sie zu einem gemeinsamen Theaterbesuch anregen möchte, können Sie sagen: »Ich hatte/wir hatten doch eben diese wunderbare Idee, zusammen ins Theater zu gehen, sag mal, Schatz, wann machen wir das?« Dadurch ist der Dampf raus und mit der Energie des Partners im Rücken segelt es sich leichter. Die Befreiung, die in diesem Spießumdrehen liegt, geht weit über den Einzelfall hinaus. Sie nutzen die Chance, sich von einem trotzigen, infantilen und notorischen Widerstand in die Hingabe (nicht zu verwechseln mit Weggabe) zu entwickeln. Deshalb ist es so wertvoll, den eigenen Widerstand einmal auszutricksen, indem man sich das Anliegen des Partners zu eigen macht und eventuell aufkommendes Missbehagen als Launen des Egos wahrnimmt – ohne darunter zu leiden. Das Ganze natürlich nur da, wo es für Sie stimmt.

Übung: Tauschen Sie einmal einen Tag lang die Rollen. Ziehen Sie das T-Shirt Ihres Partners an und tauschen Sie vielleicht einmal die Bettseite, das Auto oder die Schuhe. Und dann tun Sie so, als hätten Sie seine Vorlieben und Bitten, während er Ihren Standpunkt einnimmt. Wenn Sie beispielsweise Ordnungsfanatiker sind und Ihr Partner ist schlampig, dann seien Sie einmal bewusst einen Tag lang schlampig und lassen ihn den Ordnungsfanatiker sein. Sie können dieses Prinzip auf alle Lebensbereiche ausdehnen und lernen so, Ihren Widerstand gegen das Anderssein Ihres Partners zu transformieren.

Im Umgang mit Bitten geht es letztendlich nicht um die Sicherstellung der eigenen Strategien, sondern darum, möglichst souverän mit dem Wechsel von Bedürfnisbefriedigung und Nichtbefriedigung umzugehen – ohne Anklage, ohne Projektion, ohne Vorwurf und vor allem ohne stillschweigenden Rückzug. Nur so kann sich die »wahre Liebe« verwirklichen, statt zur »Ware Liebe« zu degenerieren.

Anmerkung: Der Tipp, Bitten zu formulieren, bedeutet nicht, dass Forderungen und Befehle »schlecht« sind – sie sollten nur innerlich klar von Bitten unterschieden werden und auf die Bereiche beschränkt bleiben, die Befehle erfordern, wie zum Beispiel die berufliche Rolle als Vorgesetzter, diensthabender Offizier, Lehrer oder auch, wo es nicht anders geht, in der Kindererziehung.

Übung: Setzen Sie sich mit Ihrem Partner zusammen. Formulieren Sie drei konkrete Bitten an ihn, deren Erfüllung für Sie wichtig wäre. ER hört nur zu. Dann wechseln Sie. Geben Sie einander den Raum, die Bitten im anderen wirken zu lassen, ohne dass er am gleichen Tag darauf antworten muss. Gegebenenfalls bereiten Sie sich durch geistige Zwiegespräche auf die Begegnung mit Ihrem Partner vor (siehe dazu das Kapitel »Im Partner das höchste Prinzip sehen«, Seite 74ff.).

Widerstand gegen Bitten einatmen –
ausatmend Freude an gegenseitiger Bereicherung.

Wenn wir einander nur Halbwahrheiten sagen,
verstehen wir auch nur die halbe Wahrheit.
(aus Frankreich)

SAGEN SIE IHREM PARTNER, WAS SIE SICH VON IHM WÜNSCHEN – ABER RICHTIG

Es versteht sich von selbst, dass Sie Ihre Bitten an Ihren Partner auf Ihre Herzensanliegen konzentrieren und Sie von ihm nichts erbitten, nur um ihn zu bestrafen oder Vorteile aus ihm zu ziehen. Kein Brillantring, den Sie aus einem Frust heraus einfordern, kann Ihre wahren Bedürfnisse nähren.

Bitten an Ihren Partner sind immer messbar – das bedeutet, ein objektiver Zeuge könnte bestätigen, ob die Bitte erfüllt wurde –, handlungsorientiert, zeitnah und müssen konkret erfüllbar sein.

Beispiel: »Ich habe die Bitte, dass du Ausgaben von mehr als 100,- € mit mir absprichst!« (messbar). Nicht: »Geh behutsam mit unserem Geld um!« (nicht messbar).

Sie sollten Ihre Bitten an Ihren Partner klar und verständlich formulieren, so dass ein fünfjähriges Kind sie verstehen kann. Sie sollten erst einmal nur Vorschläge bringen, die der andere akzeptieren kann oder nicht.

Übung: Was wünschen Sie sich von Ihrem Partner? Und wie könnten Sie das als Bitte formulieren? Beantworten Sie sich diese Frage – am besten schriftlich.

Es ist wichtig, dass nicht nur Sie, sondern auch Ihr Partner den Raum bekommt, seine Bedürfnisse mitzuteilen, ohne dafür bestraft zu werden, ja sogar, dass Sie begierig darauf sind, mehr über seine Bedürfnisse zu erfahren und ihn so besser kennenzulernen und seine Eigenarten und Bedürfnisse besser wertschätzen zu können.

Beispiel: SIE sehnt sich nach Nähe und gemeinsamen Unternehmungen, da SIE ein seit der Kindheit ungestilltes Bedürfnis nach Zuwendung hat. ER sehnt sich nach Freiheit, da er seit seiner Kindheit wenig Raum für sich selbst hatte, und bekommt die Angst, nun erneut »Vergnügtheitspflichten« bedienen zu müssen. Je öfter er flieht, umso häufiger fordert sie. Erst wenn ER sich in seinem Bedürfnis nach Freiheit und Alleinsein ernst genommen fühlt, kann er sich für das Bedürfnis seiner Partnerin nach Zuwendung öffnen, ohne es als Bedrohung zu empfinden.

Bitten sind verhandelbar. Indem Sie sich über Ihre Bedürfnisse mit Ihrem Partner austauschen, offenbart sich, dass es eine breite Palette an Möglichkeiten gibt, sie zu befriedigen. Sie erweitern Ihr Bewusstsein für partnerschaftliche Möglichkeiten und Ihr Partner ebenso.

Beispiel: ER will zu Hause auf der Couch liegen und einen tollen Film sehen, SIE mit ihm romantisch essen gehen. IHN nervt das Essengehen, SIE fühlt sich zu Hause gelangweilt. Erst beim gemeinsamen Hinterfragen, warum der Film bzw. das Essengehen so wichtig ist, entdeckt das Paar das gemeinsame Bedürfnis: Beide sehnen sich nach Feierabendromantik. Die gemeinsam gefundene Lösung könnte sein: romantisches Picknick am See. Sobald wir über die Vorstellung hinausschauen, wie unser Bedürfnis erfüllt werden sollte, werden wir frei! Fragen Sie sich deshalb immer wieder:

» Was will ich wirklich,
was ist das grundlegende Bedürfnis
hinter der Vorstellung von dem, was laufen sollte? «

Schalten Sie einen Gang zurück, von der Vorstellung zurück zum Bedürfnis.

Damit Ihre Bitte bei Ihrem Partner nicht auf schockierende Weise ankommt, können Sie Ihre Bedürfnisse wie in dem oben angeführten Beispiel in einen Konjunktiv kleiden:

- »Könntest du dir vorstellen …?«
- »Wie wäre es für dich, einmal … auszuprobieren, wie es dir damit geht? – Falls du es dann nicht wiederholen magst, wäre das dann auch o.k. für mich!«

Versprechen für lange Zeit einzufordern hat wenig Sinn, da dies schnell zu gebrochenen Versprechen und zu Vorhaltungen führen kann. Sinnvoller ist es in einer Zweierbeziehung, sich wöchentlich oder zumindest am Monatsersten hinzusetzen und miteinander darüber zu sprechen, wo man gerade in den einzelnen Lebensbereichen im Hier und Jetzt steht. Ist eine liebevolle, aber klare Kommunikation der eigenen Gefühle und Bedürfnisse einmal gelungen, werden beide Partner Freude daran haben, sie fortzusetzen.

Bringt die Erfüllung einer Bitte keine Erleichterung, ist dies ein sicheres Zeichen dafür, dass die wahren Bedürfnisse nicht erkannt wurden, und eine deutliche Ermunterung, hier auf Spurensuche zu gehen. Zusammenfassende Tipps für den Umgang mit Bitten:

- In wohlwollender Konfliktbereitschaft leben: Der Mut, eine Bitte zu formulieren, hängt mit Ihrem innersten Wissen zusammen, dass Sie eine Meinungsverschiedenheit annehmen können, ohne eine Bestrafung zu befürchten und sich selbst aufzugeben. Erinnern wir uns immer wieder daran, dass »Intimität« sprachlich mit Furchtlosigkeit zusammenhängt. Nur im Mut zur Furchtlosigkeit finde ich wahre Intimität.

* Beziehungsbitten vor Handlungsbitten äußern (»Connection before Correction«): erst die Verbindung herstellen, dann die Änderung erbitten!
* Respekt zeigen: Bitten Sie nicht von oben herab. Tun Sie auch nicht so, als besäßen Sie den alleinigen Maßstab, und spielen Sie sich nicht als Papa oder Mama auf, wenn es um Ihren Partner geht. Der andere möchte als ebenbürtig behandelt werden.
* Bedürfnis und Strategie trennen: Entdecken Sie – vor allem in schwierigen Fällen – die Bedürfnisse hinter Ihren Wünschen. Solange Sie an konkreten Wünschen (Strategien) festhalten, ohne das dahintersteckende Bedürfnis zu erforschen, ist die gemeinsame Lösung weder kreativ noch zufriedenstellend.
* Freiwilligkeit zugestehen: Der andere soll Ihre Anliegen nicht erfüllen, weil er sich schämt, schuldig fühlt, Angst hat, sondern nur, weil es auch für ihn stimmt. Erinnern wir uns daran: Wenn ich den anderen durch Beschämung oder Drohung dazu bringe, mir das Gewünschte zu geben, werde ich dafür einen hohen Preis bezahlen. Der andere muss das Recht haben, ohne negative Folgen nein zu sagen. Dieses Nein kann zu einem Ja für etwas anderes werden.
* Konkret sein: Wenn Sie Ihr Bedürfnis kennen, äußern Sie Ihre Bitte ganz konkret. Wenn Sie Ihrem

Partner nicht konkret mitteilen, wie Sie sich im *Hier und Jetzt* die Befriedigung Ihres konkreten Bedürfnisses vorstellen, riskieren Sie, dass er von der Last eines unerfüllbaren Bedürfnisses erdrückt wird. Also nicht: »Bitte sei nicht so empfindlich«, »sei aufmerksamer«, »halte mehr Ordnung«, »hör mir endlich zu«. Fragen Sie sich: Was kann der andere tun, um meinen Bedürfnissen entgegenzukommen? Bitten können Sie auch um: zuhören, zustimmen, nachdenken, anklopfen, antworten, tun, dulden, unterlassen und vieles mehr, beispielsweise: »Ich wünsche mir, dass du mir fünf Minuten lang zuhörst, denn ich habe etwas Wichtiges zu sagen, das mir ein Bedürfnis ist!« – Damit kann der andere etwas anfangen!

- Maßvoll bleiben: Suchen Sie zuerst nach dem *kleinsten* Schritt, den der andere tun kann, um Ihrem Bedürfnis Rechnung zu tragen. Die grundlegende Veränderung wird folgen.

- Verhandelbarkeit als Basis: Drücken Sie Ihre Bitte immer in einer verhandelbaren Form aus, so dass der andere die Freiheit hat, einen anderen Erfüllungsweg vorzuschlagen.

- Eindeutige Formulierungen: Liefern Sie kein Oxymoron (widersprüchliche Aussage, zum Beispiel »wasch mich, aber mach mich nicht nass«, »ich will mehr Nähe, aber eigentlich gehst du mir auf die Nerven«). Um eindeutig in unseren Bitten zu sein, müssen wir die eigene Ambivalenz und Widersprüchlichkeit überwunden und erkannt haben, was wir wollen und was uns wirklich wichtig ist. Ein ehrliches Bekenntnis zur eigenen Unklarheit wie zum Beispiel: »Ich fühle mich irritiert und habe ein Bedürfnis nach Klarheit, könntest du mir helfen zu klären, was da eben vorgefallen ist?«, ist hilfreicher als ein nicht geklärtes Pseudobedürfnis.

- Konjunktiv verwenden: »Könntest du dir vorstellen« baut dem anderen eine Brücke.
- Offen sein: Lassen Sie Fixierungen los. Geben Sie sich nicht mit »schnellen Lösungen« zufrieden, wenn Sie spüren, dass einer von Ihnen beiden nicht glücklich ist. Die Lösung ist immer erst dann auf dem Tisch, wenn jeder in seiner Kraft ist, sie »steigt auf«, scheinbar aus dem Nichts (wie bei dem Schwebeton von zwei Zimbeln), darum sollte stets dafür gesorgt sein, dass beide voreinander bestehen können.

Angst mich mitzuteilen einatmen –
ausatmen Mut zum Bekenntnis.

»Bitte zähme mich.« – »Was bedeutet zähmen?«
»Ich bin für dich nur ein Fuchs, der vielen Füchsen gleicht,
und du für mich nur ein Knabe, der vielen Knaben gleicht.
Aber wenn du mich zähmst,
werde ich für dich einzig sein in der Welt,
und du wirst für mich einzig sein in der Welt.«
(Antoine de Saint-Exupéry)

KIRSCHEN AUS NACHBARS GARTEN

Kirschen aus Nachbars Garten schmecken immer
süßer – so glaubt man. Und manche Menschen verglei-
chen Partner mit einem PC: Kaum hat man ihn, sieht
man, dass man zum gleichen Preis woanders einen
wesentlich besseren bekommen hätte. Manchmal geht
der Blick wehmütig zum Expartner und mitunter sieht
man auch einen verlockenden anderen Menschen, mit
dem man statt mit dem eigenen Partner oder in
Ergänzung zu ihm gern eine Beziehung hätte. Doch

damit entfernt sich das Bewusstsein von dem Partner, den man hat.

Nur wenige Beziehungen vertragen geteilte Aufmerksamkeit. Wenn wir uns bewusst machen, dass der eigentliche Sinn einer Partnerschaft darin liegt, sich gegenseitig zu einem »Erwachen« zu verhelfen, und dass das Bedürfnis nach dauerhafter Verbundenheit in der Regel weit reichender ist als die schnelle Befriedigung oberflächlicher Bedürfnisse, werden wir alles zu unterlassen bemüht sein, was die Verbundenheit belastet, speziell üble Nachreden über den anderen, abfälliges Denken über ihn und auch das Essen von »Kirschen aus Nachbars Garten«.

Fremdgehen ist ein zweischneidiges Schwert. Viele Menschen glauben, dass sie sich dadurch Inspiration und Kraft holen, um ihre gegenwärtige Beziehung zu ertragen. Doch nur selten führt eine Außenbeziehung wirklich zu einer Bereicherung der bestehenden Partnerschaft. Nur in seltenen Fällen ist es sinnvoll, einer Versuchung nachzugeben, indem man ihr bewusst erliegt. Vielleicht gibt es tatsächlich Ausnahmen, bei denen unerfüllte Sexualität durch eine Außenbeziehung kompensiert werden muss. Doch idealerweise sollten Sie zumindest versuchen, Nähe, Verbundenheit und Intimität mit dem eigenen Partner an die erste Stelle zu setzen.

Eine gute Hilfe gegen Versuchungen bietet die wertfreie Selbstbeobachtung. Sie unterstützt Sie dabei, nichts zu unterdrücken und sich auch nichts zu verkneifen, sondern sich Ihres Tuns bewusster zu werden und diese Bewusstwerdung zur eigenen Selbstbefreiung zu nutzen.

Attraktionen von dritter Seite können Ihnen helfen nachzuprüfen, wo Sie anhaften. Allein indem Sie dies beobachten und jedes Mal, wenn Ihre Gedanken und Gefühle irgendwo festhängen, sich sagen »Anhaftung«, entwickeln Sie mehr und mehr die Gabe, Ihren Geist ungebunden zu halten. Sie können untersuchen, welche Bedürfnisse hinter Ihrer Verführbarkeit durch Fremdreize stehen, und sich (und auch Ihrem Partner) diese Erfüllung selbst geben, statt sie im Außen zu suchen. Wenn Sie beispielsweise süchtig nach Fremdreizen sind, können Sie sich darin üben, im eigenen Partner das Schöne zu sehen und anzusprechen. Dann entdecken Sie, dass das Schöne, das Sie suchen, aus Ihnen selbst kommt und nicht von Dritten abhängig ist.

Dort, wo Sie in den Fremdreiz fliehen, weil Sie an Ihrem Partner etwa seine Figur ablehnen, können Sie herausfinden, wo Sie selbst im Widerstand sind und welches Bedürfnis hinter Ihrem Widerwillen steckt. Sobald es Ihnen gelingt, sexuelle Treue zu pflegen, ermöglichen Sie eine Vertiefung Ihrer Liebesenergie auch über alle Grenzen und Widerstände hinaus, Sie »purifizieren« sie von Anhaftungen, Vorlieben und Neigungen.

Es gibt verschiedene Formen von Nahrung, eine davon ist die Liebesenergie zwischen Mann und Frau, die durch Bestätigung immer mehr von Vorstellungen gereinigt wird. In den Genuss dieser Liebesenergie kommen Sie allerdings nur, wenn Sie bereit sind, Ihren Partner so, wie er ist, komplett anzunehmen, ungeachtet seiner Persönlichkeitsmerkmale, seiner Attraktionen und Schwierigkeiten.

Aus der systemischen Aufstellungsarbeit nach Hellinger kennen wir die Kraft, die aus der Herkunft stammt. Wir wissen, dass wir unseren Vater und unsere Mutter ehren müssen, damit wir in den Zustrom ihrer segnenden Energie kommen.

Wenn es in einem Raum nur eine Steckdose gibt und Sie brauchen Strom, dann werden Sie sie annehmen, egal, ob sie Ihnen gefällt oder nicht. Da Sie nur einen Vater bzw. eine Mutter haben, werden Sie ihnen die Ehre erweisen, weil nur dort die »Kraft der Generationen« zu holen ist. Auch wenn Sie Ihre Eltern als Menschen mit Fehlern erlebt haben, können Sie sie für sich zu einem »Kanal der Fülle« machen, indem Sie sie akzeptieren, wie sie sind. Selbst wenn über Ihre Eltern nur ganz wenig Zustrom zu Ihnen fließt, so ist dies doch besser als gar nichts oder eine Ersatzenergie, wie man sie in süchtig machenden Drogen findet.

Ähnliches gilt für die Liebesenergie zwischen Mann und Frau. Egal, als wie attraktiv, kompetent und fähig Sie Ihren Partner gerade empfinden oder auch nicht empfinden: Wenn Sie ihn so annehmen, wie er ist, auch seinen Ausdruck von Zärtlichkeit, Eros und Liebe, dann machen Sie ihn damit zu einem Kanal der Fülle und empfangen in dem Augenblick die Einweihung,

die seit Urzeiten Mann und Frau einander zu geben
haben – die gegenseitige »Erinnerung«.

Sie ist nur möglich in der Lauterkeit des Herzens,
wenn nichts zwischen Ihnen und Ihrem Partner steht.
Und auch wenn diese Energie nur ganz gering ist –
indem Sie sie annehmen und ehren, wird sie mehr –
und die Tore zu einer tieferen Einweihung öffnen sich.
Ihr Partner öffnet für Sie das Tor zum Mittelpunkt der
Erde (falls es sich um eine Frau handelt) oder zum
kosmischen Licht (falls es sich um einen Mann handelt) und die bisherigen Persönlichkeitsfacetten verlieren ihre Bedeutung. Es geht dann nicht mehr um
befriedigte oder nicht befriedigte Bedürfnisse, sondern
um das Mysterium einer heilenden Verbindung, indem
beide Partner einander zum Kanal der Fülle von
Liebesenergie machen und so einen inneren, nähren-
den Kanal etablieren und das Selbst »erinnern«. Dafür
müssen beide gar nicht »besonders« sein, sie müssen
einander nur annehmen.

Auch wenn ich selbst wahrnehme, keine Sexualität
mehr zu brauchen, sie hinter mir gelassen zu haben,
kann ich den Ausdruck von Zärtlichkeit meines Partners ehren und ihn annehmen, wie er ist. Lust wird zu
Liebe und letztendlich zu einem gemeinsamen »Erwachen« in ein allumfassendes Mitgefühl hinein, das sich
durch weitaus kraftvollere Ströme nährt: durch Bodhi-
chitta, Erleuchtungsenergie oder den »Wein der Mysti-
ker«. Bereits die Erinnerung bewirkt tiefe Transformation beider Partner.

Doch sollten wir nichts erzwingen und stets das Leben als den Größten aller Lehrer respektieren. Niemand außer Ihnen selbst weiß, ob Kirschen aus Nachbars Garten Ihnen guttun – oder für Ihre gegenwärtige Beziehungsform nicht stimmig sind.

Außenreize einatmen –
ausatmen Erinnerung.

An einem offenen Paradiesgärtchen
geht der Mensch gleichgültig vorbei
und wird erst traurig, wenn es verschlossen ist.
(Gottfried Keller)

Und Ilsebill lächelte

Vielleicht kennen Sie das Märchen vom Fischer und seiner Frau. Es erzählt von einem Fischer und seiner ewig unzufriedenen Frau Ilsebill. Da er einem Zauberfisch das Leben gelassen hatte, konnte er sich von ihm wünschen, was er wollte, und bekam es von ihm erfüllt. Statt sich selbst zu fragen, was er fühlt und braucht, fragte der Fischer seine Frau. Und da sie chronisch unzufrieden war, wollte sie immer mehr: ein eigenes Häuschen, Ruhm, Ansehen, Königin sein, Päpstin sein – und der Zauberfisch erfüllte dem Paar all diese Wünsche. Doch als sie sich wünschte, Gott selbst zu sein, war sie wieder in ihrer alten Hütte wie zu Beginn des Märchens – und der Fischer ebenfalls.

Vielleicht haben Sie selbst, lieber Leser, eine Ilsebill zu Hause oder, falls Sie weiblichen Geschlechts sind, einen Ilsegrimm. Dann können Sie von dem Fischer im Märchen lernen, wie es nicht geht. Er hatte sich weder um seine eigenen noch um die wahren Bedürfnisse seiner Partnerin geschert, er hatte es versäumt zu fragen: »Was will Ilsebill wirklich?« Eigentlich hatte sie es ihm angedeutet.

In jedem Menschen ist das Bedürfnis verwurzelt, das »Göttliche«, also das Vollkommene zu erkennen, einfach deshalb, weil dies unserer wahren Natur entspricht. Es geht nicht um die Allgewalt und Allmacht, die wir uns von einem Schöpfergott vorstellen, sondern darum, uns wieder an den »Gottesfunken« in uns zu erinnern, an den Teil in uns, der vollkommen ist und vollkommen war. Jedes Wesen trägt die Erinnerung an diesen Teil in sich und der eigentliche Sinn einer Beziehung ist es, sich gegenseitig an ihn zu »erinnern« und so einander zum »Erwachen« zu führen. Genau das wird in vielen Erlösungsmärchen immer wieder betont, ob es darum geht, »den Frosch zu küssen« oder »das Biest zu erlösen«.

Wenn Ilsebill »wie Gott« sein wollte, dann erkennen wir hinter ihrem Größenwahn den berechtigten Anspruch, dass »das Göttliche«, also das Vollkommene in ihr gesehen und angesprochen wird. Wie wir bereits wissen, antwortet stets die Ebene, die wir im anderen ansprechen. Wie man in den Wald hineinruft, so schallt es heraus. Der Sinn einer Beziehung liegt in der Liebe, in der Fähigkeit, so vollkommen zu lieben, dass die verborgene Vollkommenheit, das Selbst spürbar ist. Dann ist es möglich, sich in der Partnerschaft »göttlich« zu fühlen, ob man nun einen Mercedes oder einen Trabbi fährt, in einem Palast oder in einer kleinen Hütte wohnt. »Raum ist in der kleinsten Hütte für ein glücklich liebend Paar!« Und indem wir das Vollkommene im Partner ansprechen, wird die Beziehung ein Ort der »Erinnerung«, der Einheit allen Seins, und wir werden diese Einheit auch mit allem anderen erleben, den Blumen, den Vögeln, der Natur, dem See, einfach allem, was ist. Weil wir uns durch die Bereitschaft, einander zu lieben, von unserem bewertenden Verstand gelöst haben, weil wir wirklich Liebende geworden sind. Wenn es uns gelingt, unseren Partner »als Gott« zu lieben und den »Gott« in ihm zu lieben, also in ihm die höchste Vollkommenheit zu sehen, wie immer er sich gerade aufführt, dann schreiten wir mit Siebenmeilenstiefeln hin zu einem »Erwachen«.

Dies erinnert mich an eine Klientin, die einmal sagte: »Wie immer mein Mann sich aufführt, ob er tobt, zweifelt oder schreit, ich höre immer nur ›Ich liebe dich!‹«.

Unzufriedenheit einatmen –
ausatmen Zufriedenheit.
Unvollkommenheit einatmen –
ausatmen Vollkommenheit.

Eine Liebe, die endet,
ist nur der Schatten der Liebe;
wahre Liebe hat keinen Anfang
und kein Ende.
(Hazrat Inayat Khan)

Im Partner
das höchste Prinzip sehen

Manchmal ist es nicht möglich, die Dinge direkt miteinander zu besprechen, weil der Verstand zweier Partner so entgegengesetzt gepolt ist, dass es schon nach den ersten Worten große Reibungspunkte gibt. Falls dies einmal bei Ihnen der Fall sein sollte, haben Sie eine große Chance: Sie können die schwierigen Themen geistig lösen.

All das, was wir in früheren Kapiteln über Projektionsrücknahme, Beobachtung, Gefühle, Bedürfnisse, Bitten usw. gelernt haben, wenden Sie jetzt erst einmal für sich selbst an, um Ihr eigenes Bewusstsein zu klären. Dann verfahren Sie wie folgt:

Übung: Begeben Sie sich in eine Position, die sich gut anfühlt, eventuell in den Pharaonensitz: Sie sitzen auf der Vorderkante eines Stuhls. Die Beine stehen nebeneinander auf dem Boden, die Knie sind rechtwinklig, die Wirbelsäule ist gerade, das Kinn leicht angezogen. Legen Sie die nach oben geöffneten Hände auf die Knie, nehmen Sie einige tiefe Atemzüge und gehen Sie in den inneren Raum – erinnern Sie sich daran, wer Sie wirklich sind.

In dieser Erinnerung sprechen Sie aus, was Sie gerade bewegt, und zwar so, als stünde oder säße Ihr Partner vor Ihnen. Drücken Sie Ihre Gefühle, Sorgen, Zweifel, Bedenken, aber auch Freuden und Hoffnungen aus, ungefiltert, so wie sie kommen, in einer Deutlichkeit und Klarheit, in der Sie sich dies im Alltag vielleicht nicht trauen würden. Vermeiden Sie Projektionen, achten Sie darauf, bei dem, was Sie sagen, im Herzen zu sein und wirklich Ihr Herzensanliegen zu formulieren. Legen Sie alles offen, was Sie bewegt, so wie Sie vielleicht zu Gott oder der universellen Energie beten. In aller Aufrichtigkeit.

Und dann imaginieren Sie, dass nicht die Persönlichkeit Ihres Partners, sondern das höchste Prinzip, die Eine Kraft, Gott selbst durch Ihren Partner antwortet. Dies ist ja die große Hoffnung in der Beziehung, dass die innewohnende Vollkommenheit erkannt und angesprochen wird – unabhängig von der Befriedigung oder Nichtbefriedigung von Bedürfnissen. Sprechen Sie im geistigen Zwiegespräch genau diese Vollkommenheit an. Berichten Sie von Ihren Schwierigkeiten (bleiben Sie bei sich) und bitten Sie den vollkommenen Aspekt Ihres Partners um Hilfe bei den gemeinsamen Angelegenheiten.

Es gibt eine innere Verbindung zwischen zwei Liebenden. Carol Anthony (Autorin von: »Das I-Ging der Liebe«) nennt diese den »inneren Kanal«. Pflegen Sie diesen Kanal durch geistige Zwiegespräche und Lauterkeit im Umgang mit Ihrem Partner.

Im Idealfall gehört dazu, auch keinen abfälligen Gedanken über Ihren Partner zuzulassen, auch nicht in seiner Abwesenheit. Stellen Sie das schönste Bild von ihm auf Ihren Schreibtisch und behandeln Sie es wie eine Ikone, die Sie pflegen und verehren. Das vollkommene Bild Ihres Partners zu pflegen bedeutet nun nicht, sich Sand in die Augen zu streuen über eventuell noch vorhandene Unvollkommenheiten in seiner Persönlichkeit. Sie dürfen sein – Ihr Partner muss kein vollendeter Meister sein, damit Sie ihn verehren. Aber Sie können das höchste Prinzip, das durch einen vollendeten Meister wirkt, auch in Ihrem Partner sehen und dadurch Ihre Beziehung heiligen. Ihr Partner darf sein, wie er will – Sie sehen und achten einfach das Vollkommene in ihm, wie immer er ist. Vielleicht ist es dies, was Tagore meint, wenn er schreibt: »Macht können wir durch Wissen erlangen, aber zur Vollkommenheit gelangen wir nur durch die Liebe.«

Es gibt eine Liebeskunst, deren ganze Lehre darauf fußt, im Partner den höchsten Gott/die höchste Göttin zu sehen. Sie heißt Tantra, stammt aus Indien und hat die alchemistische Vereinigung des Gottes Shiva mit seiner Geliebten Shakti zum Inhalt, die sich potenziell durch jedes Liebespaar ausdrücken kann. Tantrisch Liebende berichten, dass ihnen im Liebesakt durch den anderen Gott/Göttin erscheint und sie das Antlitz der höchsten Kraft seitdem nicht nur im Partner, sondern auch im Sternenhimmel, den Blumen, einfach in allem sehen. Ähnliches berichtet das »Manuskript der Magdalena« von Tom Kenyon von der Liebe zwischen Maria Magdalena und Jesus – dass Gott/Göttin durch sie erschienen.[4]

Offenbar ist die Voraussetzung für eine solche Erfahrung die bedingungslose Annahme, das bedingungslose Vertrauen, das Wissen, dass Gott/Göttin im eigenen Partner verborgen ist und herausgeliebt werden kann, so wie Leonardo da Vinci in einem unbehauenen Marmorblock bereits das Kunstwerk sah, das er schuf. Das Kunstwerk aber sind Sie selbst, denn indem Sie im Hinblick auf Ihre Partnerschaft eigene Projektionen zurücknehmen, tritt die Wandlung im anderen ganz automatisch ein. Diese Welt ist nämlich, ähnlich wie im Märchen »Dornröschen«, ein verzaubertes Königreich. Ernesto Cardenal beschreibt dies wie folgt: »Alle Dinge sind die Liebe Gottes, in Dinge verwandelt.« Manchmal braucht es nur einen Kuss, um zu »erwachen«. Aus Italien stammt das Sprichwort:

»Die Liebe hat zwei Töchter,
die Güte und die Geduld!«

Damit wir im Liebesakt und auch im Alltag die
Erfahrung machen können, dass durch den Partner
Gott/Göttin wirkt und unser »Dornröschenland« er-
löst wird, brauchen wir Güte und Geduld. Und wir
brauchen die Ausrichtung, den Fokus, die Bereitschaft,
uns miteinander nicht der Bequemlichkeit, sondern
dem »Erwachen« zu verpflichten. Dann wird auch im
Liebesakt und im Alltag dieses Wunder geschehen, von
dem Manfred Kyber wie folgt berichtet:

»Wer mit den Augen der Andacht geschaut,
wie die Seele der Erde Kristalle gebaut,
Wer die Flamme im keimenden Kern gesehen,
im Leben den Tod, Geburt im Vergehn –
Wer in Menschen und Tieren den Bruder fand
und im Bruder den Bruder und Gott erkannt,
der feiert am Tisch des heiligen Gral
mit dem Heiland der Liebe das Abendmahl.
Er sucht und findet, wie Gott es verhieß,
den Weg ins verlorene Paradies.«[5]

Umarme ihn, wenn eine Glut dich vorwärts drängt,
ihn zu begrüßen.
Dann leg ihm deinen Mut zu Füßen.
Und mache kein Geschäft. –
Sei gut ... Ich bin auch mehrmals so in Glut gewesen
und hielt mich still.
Hab mich gescheut und hab Versäumtes hinterher bereut.
(Joachim Ringelnatz)

WUNDER GIBT ES IMMER WIEDER

In Beziehungen gibt es immer wieder Trennendes und Verbindendes. Manchmal glaubt man, sich verletzt, abgewiesen oder allein gelassen zu fühlen. Doch was immer in einer Beziehung geschehen ist, alles ist heil- und erneuerbar.

Manche Menschen erleben das Getrenntsein wie einen Strick, der zerrissen, oder wie eine kostbare Vase, die zerbrochen ist: »Du hast mich so verletzt, das ist nicht mehr heilbar.« oder »In mir ist etwas zerbrochen.« lauten dann die Aussagen. In solchen Situationen sollten Sie sich daran erinnern, dass es stets nur das Ego ist, das sich verletzt oder zerbrochen fühlt.

Natürlich können Beziehungen im Laufe eines Lebens wechseln. So wie wir sterben und damit unseren Körper loslassen müssen, so stirbt auch die äußere Form einer Partnerschaft, spätestens mit dem Tod. Die Auflösung einer Beziehung sollte aber nicht in Ingrimm geschehen, sondern in dem Bewusstsein, dass die Beziehung sich »erfüllt« hat, dass man einander gegeben hatte, was zu geben war.[6] Doch viele Menschen werfen viel zu schnell das Handtuch. Ferdinand Freiligrath schreibt hierzu mahnend: »O lieb, solang du lieben kannst, o lieb, solang du lieben magst! Die Stunde kommt, die Stunde kommt, wo du an Gräbern stehst und klagst.«

Die geistigen Gesetze sind sehr einfach: Wenn jemand nach dem Resonanzgesetz zu Ihnen gehört, dann können Sie ihn nicht verlieren – egal, wie die Umstände sind. Und wenn jemand nicht zu Ihnen gehört, können Sie ihn nicht halten. Wenn wir uns stimmig verhalten und eine Beziehung geht auseinander, dann wissen wir, dass dieser Mensch nicht mehr zu uns gehört. Und wenn wir ausgerichtet sind auf die eigene Stimmigkeit und ein Mensch bleibt mit uns, auch wenn es nicht immer angenehm sein mag, wissen wir, dass er zumindest momentan zu uns gehört. Maßstab ist also immer die eigene Ausrichtung auf

Stimmigkeit, das Bemühen, sich nach bestem Wissen korrekt zu verhalten – und dem Leben zu erlauben, zu zeigen, was angebracht ist.

Wir sind sehr viel liebesfähiger, als wir denken, und wir sollten unsere Partnerschaft, solange sie besteht, auskosten und nutzen, um diese Liebesfähigkeit hervorzubringen – ohne zu klammern, einfach nur aus der Freude am Lieben.

Heinrich Heine beschreibt diese Liebesfähigkeit mit seinen eigenen Worten: »Größer als alle Pyramiden, als der Himalaja, als alle Wälder und Meere ist das menschliche Herz. Es ist herrlicher als die Sonne und der Mond und alle Sterne, strahlender und blühender. Es ist unheimlich in seiner Liebe.« Wie immer Ihre Beziehung gerade sein möge – atmen Sie in Ihr Herz, spüren Sie es und spüren Sie das Herz Ihres Partners. Erfahren Sie, dass es riesengroß ist.

Übung: Setzen Sie sich einander gegenüber, halten Sie sich in den Armen und spüren Sie Ihr Herz. Spüren Sie dann das Herz Ihres Partners. Spüren Sie den Herzschlag von Ihnen beiden. Dabei erlauben Sie, dass Ihr Herz so weit wird wie das Meer.

In dieser Herz-zu-Herz-Umarmung erleben Sie ein Schweigen des Verstandes und ein Sein der Liebe. Saint-Exupéry beschreibt das wie folgt: »Ich kenne aber die Liebe und weiß: Sie besteht darin, dass keine Frage mehr gestellt wird.«

Es gibt ein sehr viel schöneres Sinnbild, das Ihnen angesichts von Nähe und Entfernung, Hass und Liebe,

Freude und Leid helfen kann und Ihnen Mut und Hoffnung für Ihre Beziehung geben soll. Es stammt von dem Zen-Meister Choshu und lautet:

»Der Mond im Wasser
gebrochen und wieder gebrochen,
er ist nach wie vor da!«

Dies bedeutet: Äußerlichkeiten kommen und gehen wie Wellen, aber die Verbindung mit Ihrem wahren Selbst und dem Ihres Partners, versinnbildlicht durch den Mond in dem Koan, ist davon ungetrübt. Ein Spiegel bekommt keine Kratzer davon, dass man ihm ein Messer zeigt – er spiegelt es und wenn ihm dann statt des Messers eine Rose gezeigt wird, spiegelt er sie. So wie der Mond stets da ist, ob die Wellen ihn als gebrochen oder als ganz widerspiegeln, so ist auch die Liebe zwischen Ihnen und Ihrem Partner – wenn einmal entdeckt – unzerstörbar und im Bewusstsein ewig erneuerbar – wenn Sie dies wollen. Dabei, dies zu erfahren, wünsche ich Ihnen viel Freude!

Schlusswort

Ein weiser Mann sagte einmal, dass die einzige egofreie Form von Beziehung die Beziehung von Gott/der universellen Energie zum Menschen sei, alle anderen Formen trügen zumindest einen Keim von Egoismus in sich. Ausgenommen davon sei vielleicht noch die Beziehung des Meisters zu seinen Schülern, denn nur wer selbstlos lieben könne, sei ein wahrer Meister. Ein Meister braucht nichts von uns und ist bereit, aus seiner Fülle zu geben – zugleich sind wir alle auf dem Weg, den Meister nicht nur im Außen, sondern auch in uns zu entdecken.

Bei genauerem Hinschauen erkennen wir, dass die meisten Beziehungen, besonders die zwischen Mann und Frau, vom Ego und vom Mind (das heißt unseren Vorstellungen, unserem Verstand, unserem Gemüt) bestimmt werden. Wir sagen »ich liebe dich«, und wir meinen »ich brauche dich« und zwar genau »so und so«. Erfüllen wir die Vorstellungen und Vorlieben unseres Partners, werden wir gestreichelt und gelobt, erfüllen wir sie nicht, gibt es Kritik und Rückzug.

Wir haben uns in diesem Buch sehr viel mit Bedürfnissen und Gefühlen auseinandergesetzt, doch sollten wir uns immer wieder daran erinnern, dass der Sinn einer Beziehung in etwas anderem liegt, nämlich darin, uns zu verwandeln, vom egoistisch Brauchenden zum selbstlos Liebenden. Im Vergleich mit solchen

Größen wie Jesus oder Buddha erkennen wir, wie weit unser eigener Weg dorthin noch ist.

Wenn wir uns von der Beziehung zu unserem Partner erhoffen, frei von der Tyrannei des Egos und des Mind zu werden, liegt der einzige Weg darin, dieser egofreien Liebe näherzukommen. Jede andere Form des Liebens bringt zwangsläufig Leid mit sich – so sehr wir uns abrackern, dem anderen seine Vorstellungen und Erwartungen zu erfüllen oder den anderen dazu zu bringen, dass er unsere Bedürfnisse besser befriedigt. Wenn wir diese subtile Form des Brauchens und des Vergewaltigens sein lassen und trotzdem in tiefer Verbundenheit bleiben können, erkennen wir, dass uns der ideale Partner stets vor Augen ist. Er lächelt uns zu durch seine Forderungen, seinen Egoismus, seine Anklagen, Nötigungen, seine Bitterkeit, Enttäuschungen, Drohungen und Rückzugsgefechte in der Hoffnung, dass wir ihn erkennen, trotz allem. Uns dorthin zu bringen ist die eigentliche Aufgabe einer Beziehung.

Dort, wo beide Partner sich innerlich verpflichten, diese selbstlose und befreiende Liebe zu lernen, bietet das vorliegende Mini-Buch immer wieder Hilfen und Möglichkeiten, um Vorstellungen, Erwartungen, Urteile und Glaubenssätze aufzulösen und die »wahre Liebe« zu lernen. Dort aber, wo einer der beiden Partner dem anderen die Pistole auf die Brust setzt oder mit Drohungen oder Zwängen sich den anderen einzuverleiben sucht, hat die Liebe keine Chance. Der Partner, der die Pistole auf der Brust fühlt, muss gehen, da Liebe nur mit Freiheit einhergehen kann. Die Liebe zwischen Mann und Frau ist wie eine Blume: Wenn man sie pflückt, um sie nur für sich zu behalten, beginnt sie bereits zu sterben. Doch es reicht nicht, sie einfach nur in der Erde zu lassen, man sie muss auch pflegen. Eine Beziehung, die nicht täglich mit Liebe, Aufmerksamkeit und Bewunderung gegossen wird, verwelkt wie eine Blume, die kein Wasser bekommt. Und eine Liebe, die man an sich reißt (rupft), verwelkt ebenfalls. Dies ist die Kunst des Liebens, zu gießen, zu pflegen, aber nicht für sich haben zu wollen – so kann die Blume der Liebe blühen.

So kann die Blume der Liebe allen, der ganzen Schöpfung zum Vorteil gereichen und auch wenn sie aus der Mann-Frau-Beziehung gespeist wird, dient sie allen, die vorbeikommen und ihren Duft genießen wollen. Insoweit ist Liebe unterstützend, begleitend und frei von Anspruchs- und Besitzdenken. Die Lebensform des Paares kann exklusiv sein, monogam und mit sehr viel Raum für Eigeninitiative – denn das Wesentliche ist der innere Kanal. Wird er gespeist, kann ein Paar durch Erdteile getrennt sein oder sich nur jährlich oder wöchentlich sehen und bleibt doch stets im Inneren verbunden. Und dort, wo der innere Kanal nicht gespeist wird, bleibt sich ein Paar, auch wenn es Beruf, Freizeit und die Nächte gemeinsam verbringt, fremd. So, wie man einen Berg aus der Ferne besser sehen kann, als wenn man zu dicht davor steht, braucht das Wesentliche zwischen Mann und Frau

Raum und Abstand für die eigene Positionierung. Khalil Gibran mahnt in seinem Buch »Der Prophet«: »Steht zusammen, doch nicht zu nah, denn die Säulen des Tempels stehen für sich und die Eiche und die Zypresse wachsen nicht im Schatten der anderen.«[7]

Es bedeutet sinnbildlich, dass die Eiche die Zypresse darin unterstützt, eine bessere Zypresse zu sein, und nicht versucht, aus ihr eine Eiche zu machen. Der Feind der Liebe ist das Ego und als Liebende müssen wir einander ständig aus dem Ego heraushelfen und an die selbstlose Liebe und uns selbst erinnern – dies kann nur in Freiheit und Respekt vor dem Freiraum des anderen geschehen. Wenn uns das nicht gelingt, degenerieren wir in der Beziehung und täten besser daran, unabhängig und ungebunden zu sein.

Ich möchte Ihnen abschließend noch ein Ritual an die Hand geben, das an das Jesus-Gleichnis vom verlorenen Schaf erinnert und Ihnen helfen kann, wenn Sie einmal in Ihrer Beziehung festgefahren sind. Es stammt von einem Stamm in Bambeda (Südafrika).[8]

Wenn dort jemand unverantwortlich oder gesetzeswidrig gehandelt hat, wird er in die Mitte des Dorfes gerufen, allein und ungeschützt. Alle Arbeit wird gestoppt, und alle Männer, Frauen und Kinder des Dorfes versammeln sich in einem großen Kreis um diese Person herum. Dann spricht einer nach dem anderen, unabhängig vom Alter, über all das Gute, das die betreffende Person während ihres Lebens getan hat. Jede Kleinigkeit, jede positive Erfahrung mit ihr wird in allen Details akkurat wiedergegeben. All ihre positiven Eigenschaften, guten Taten, Stärken, ihre Freundlichkeit werden liebevoll und in aller Ausführlichkeit dargestellt. Keinem ist es erlaubt, ihre positiven Aspekte anzuzweifeln oder zu schmälern.

Die Stammeszeremonie dauert oft mehrere Tage und endet erst, wenn jeder jedes positive Detail über die betreffende Person erzählt hat. Am Ende wird der Kreis geöffnet, eine große Feier findet statt und der Übeltäter wird voller Freude wieder in den Stamm aufgenommen.

Wann immer in Ihrer Beziehung sich einer von Ihnen danebenbenommen, unverantwortlich gesprochen oder gehandelt hat, sollten Sie dieses Ritual durchführen. Wenn Sie eine Familie sind, können Sie mit mehreren Ihren Partner wieder befähigen. Dadurch helfen Sie ihm, das Gesicht wiederzugewinnen und sich wieder in voller Größe und in vollem Glanz in Ihre Beziehung einzubringen. Mit jedem Mal, wo Sie Ihrem Partner selbstlose Liebe zukommen lassen, unabhängig davon, wie sehr oder wie wenig er Ihre Bedürfnisse befriedigt, kommen Sie der Liebe der universellen Energie näher. Indem Sie in Ihrer Beziehung so lieben, wie es Gott oder ein vollendeter Meister tun würde, kommen Sie der bedingungslosen Liebe näher. Und da die Quelle allen Lebens, die universelle Energie, nichts anderes als reine Liebe ist, kommen wir dieser Einen Kraft, die wir Gott, Urkraft, Allah nennen, kommen wir der kosmischen Weisheit näher, indem wir bedingungslos lieben. Auf dem Weg führt uns das Leben vom »Voneinander-Wollen« über das »Sich-miteinander-Arrangieren« zum bedingungslosen »Einander-Erkennen« frei von Brauchen und frei von Zurückweisung in eine Liebe, die keine Bedingungen mehr stellt. So wird Liebe zu einem Weg, der das Ego bewusst macht und Ihnen hilft, sich zusammen mit Ihrem Partner in die Freiheit hinein zu erlösen.

»Die Liebe ist ein Kind der Freiheit.«
(Prof. Dr. Lukas Moeller)[9]

Quellen- und Literaturverzeichnis

1 Osho: *Tantra – Die höchste Einsicht. Kommentare zum Tantra des tibetischen Buddhismus*, Innenwelt Verlag, Köln 2004

2 Chödrön, Pema: *Tonglen. Der tibetische Weg mit sich selbst und anderen Freundschaft zu schließen*, Arbor Verlag, Freiamt 2001

3 Die wertfreie Äußerung von Gefühlen, Bedürfnissen und Bitten ist Bestandteil der sehr empfehlenswerten gewaltfreien Kommunikation, wie sie von Marshall Rosenberg weltweit etabliert wurde und in verschiedenen Schulen unterrichtet wird. Detailinformation zur gewaltfreien Kommunikation finden Sie u. a. in dem Buch Rosenberg, Marshall: *Gewaltfreie Kommunikation*, Junfermann Verlag, Paderborn 2004
Bryson, K., Kierdorf, T., Höhr, H.: *Sei nicht nett, sei echt!*, Junfermann Verlag, Paderborn 2006

4 Kenyon, Tom: *Das Manuskript der Magdalena*, KoHa-Verlag, Burgrein 2003

5 Kyber, Manfred: *Die drei Lichter der kleinen Veronika. Roman einer Kinderseele in dieser und jener Welt*, Heyne Verlag, München 2005

6 Über das Loslassen von Beziehungen finden Sie ausführliche Hilfe im Buch Tepperwein, Kurt: *Le-*

ben im Hier und Jetzt, So lassen Sie seelischen Ballast los, mvgVerlag, Heidelberg 2007

7   Gibran, Khalil: *Der Prophet*, Patmos Verlag, Düsseldorf 2005

8   Hwoschinsky, Carol: *Listening with the Heart, The Compassionate Listening Project*, Washington, USA 2001

9   Moeller, Michael Lukas: *Die Liebe ist das Kind der Freiheit*, Rowohlt, Reinbek 1995

Im Buchhandel und Internet finden Sie stets brand-aktuelle Themen, sowie zeitlose Wissensschätze von *Kurt Tepperwein!*

Folgende Bücher und E-Books können Sie direkt über den BoD-Verlag (www.bod.de/www.bod.ch) detailliert einsehen, bevor Sie sich für Ihr Wunschthema entscheiden:

- **Ab heute bin ich frei!**
- **Bäume ausreißen! – Trainingsheft für mehr Motivation**
- **Berufskrise ade! – Frei sein von Arbeitssucht, Stress, Burn-out, Mobbing, Innerer Kündigung und Arbeitslosigkeit Bewusstseinssprung in eine neue Dimension**
- **Blinddate mit Magen und Darm**
- **Bring Farbe in dein Leben mit Dankbarkeit**
- **Bring Farbe in dein Leben mit einem einfachen Lächeln**
- **Bring Farbe in dein Leben mit Heiterkeit**
- **Bring Farbe in dein Leben mit Herzensfülle**
- **Bring Farbe in dein Leben mit Hingabe pur**
- **Bring Farbe in dein Leben mit Liebesweisheit**
- **Bring Farbe in dein Leben mit Seelenkraft**
- **Bring Farbe in dein Leben mit Stille in dir**
- **Bring Farbe in dein Leben mit Wertschätzung**
- **Bring Farbe in dein Leben mit Zeitlosigkeit**
- **Das Buch der Erfolgsgesetze**
- **Die hohe Schule des Lebens**
- **Die Kunst mühelosen Lernens**
- **Die Praxis der geistigen Gesetze**
- **Die Renaissance der Frauenpower – 7 Schritte zur Liebesfähigkeit**
- **Du bist wie du bist!**
- **Ein Leben ohne Ängste und Sorgen? – Trainingsheft für mehr Lebensqualität**
- **Einfach nur schön**
- **Endlich wieder FIT! – Trainingsheft zur Gesunderhaltung**
- **Erwachen zum wahren Sein**
- **Folge deinem Leitstern**
- **Frau sein – ganz sein, Mentaltraining für eine neue Weiblichkeit**
- **Geistheilung durch sich selbst**
- **Gelassenheit**
- **Gelebte Achtsamkeit**

- Gestalte dein Leben einfach neu! – Energetischer Impulsgeber zum Thema Alltagsführung
- Gesund für immer
- Glaube an Dich!
- Glücks-Gesetze
- GoldenWay Edition: Das Leben als Einweihungsweg
- GoldenWay Edition: Ihr Zauberstab Gedankenkraft
- Hilf dir selbst. Sei du selbst. Gesunde!
- Kausal-Training
- Leben im Überfluss, Die Zukunft selbst bestimmen
- Leben in der Gegenwart der Engel
- Liebst du mich auch? Energetischer Impulsgeber zum Thema Partnerschaft
- Nie mehr ärgern, bewusster leben
- Nie oder Jetzt! Aufbruch zur wahren Identität
- Out-Burn, Burn-out umkehren. Der Ausweg aus der Erschöpfungsfalle.
- Perlen der Weisheit
- Probleme adieu! Trainingsheft zur Konfliktbesänftigung
- Schreib Dein Leben um
- Selbstbewusst durchs Leben! – Energetischer Impulsgeber zum Selbstwert und Sicherheit
- Selbstheilungskräfte aktivieren
- Sinnfindung leicht gemacht! – Energetischer Impulsgeber zum Thema Bewusstwerdung
- Tepperwein Magazin der neuen Generation
- Tepperwein Magazin der neuen Generation 2
- Tepperwein Magazin: Wünsche & Träume mit Mental-Training verwirklichen
- Von der Angst zur Lebensfreude
- Wahre Freundschaft: Tierisch echt!
- Was wünscht du dir vom Leben?
- WEIH-NACHTEN
- Willkommen in der Leichtigkeit
- Willst du erfolgreich sein? – Leitfaden zu Reichtum und Erfolg
- Wunder vollbringen durch schöpferische Imagination
- Zeit halt, stehengeblieben! – Trainingsheft für ein gutes Zeitmanagement